들어가는 말

한글은 자타가 공인하는 세계 최고의 문자다. 한글을 사용하거나 배우는 사람들은 그 원천이 세종 임금이 지으신 훈민정음임을 잘 안다. 그러나 훈민정음이 하늘·땅·사람[天地人 3재]·음양오행 등 신묘한 자연과학의 경전임은 잘 모른다.

훈민정음은 한문 교습서인 계몽편啓蒙篇이나 조선 왕세자들의 필독서였던 동몽선습童蒙先習처럼 우주 자연 과학 개념을 바탕으로 내용이 전개된다. 성인이 우주의 이치를 8괘로 인간에게 보이시고, 세종은 더 세밀하게 우주 자연 언어인 훈민정음을 세계 만방 인간들이 사용할 수 있도록 보이신 것이다. 임금께서 친히 28별자리와 음양오행에 훈민정음 28자를 맞춰 보이시고, 집현전 8학사들이 해례본에 자세한 원리를 옥구슬처럼 꿰어 보여주고 있다. 본 편저의 의도도 세종 임금이 그려 보이셨을 것으로 상상되는 제자해도를 재현해 설명하는 것일 뿐, 전혀 새로운 것을 보여주려 함이 아니다. 그래서 창제의 진위나 문법 등 전문적인 학자들 영역은 언급하지 않았다. 단, 내용 전개에 필요한 부분은 참고로 인용하였다. 훈민정음 해례본을 세계 기록유산·국보라고 자랑하면서도 제대로 설명 못하는 현실이 안타깝다. 세종께서 자연 이치를 그려가며 훈민정음의 초성·중성을 정밀하게 배치한 사실을 제도권 교육에서는 외면하고 있다. 조상들의 역사를 기록해 온 한자는 중국 글자라 하더래도, 음양오행은 어려서부터 배워야 할 부분이라 본다. 교재가 없다면 훈민정음해례본이 최고의 교재가 될 것이다.

이에 본 편저 동기를 부연한다.

편저자는 언어 학자가 아니다. 그저 평범한 건축 공학도, 30여 년의 지방공무원 경력이 전부다. 퇴직 10여 년 전 쯤, 한참 화두였던 인문학 교양이 필요하여, 사서삼경 등을 시작했고, 한자 공인 급수를 땄으며, 또 고전에 다분한 음양오행 부문이 이해되지 않아 전문적인 풍수지리를 학습했다. 그렇게 한자와 동양 철학 공부를 하며, 서예를 병행하였다. 서예 작품을 하면서 훈민정음 서문을 알게 됐고, 작품 전에 깊이 공부한다는

것이 훈민정음에서 헤어날 수 없는 인연에 결정적이었다. 음양오행으로 접근하면 훈민정음 해례본이 아주 쉬우면서도 품격 있는 교양서가 되는 것에 자신감을 가졌고, 그간의 일천한 지식을 동원하여 이 책을 편저한다. 미증유未曾有의 시도로써!

감히 『역경』 등 경전 반열에 『훈민정음경』도 손색 없다는 인식의 일파만파를 기대해 본다. 남녀노소 모두 쉽게 접할 수 있도록 편집하였고, 해례본 사본을 내용에 병행 게시하여 세종임금의 창제 의지에서 벗어나지 않으려 최대한 노력했다. 거듭 밝히지만 이 편저는 보통 국민이 훈민정음 해례본을 국민 소양으로 쉽게 접근하는데 주안점을 두었다. 특히 훈민정음 해설사 분들에게 도움이 되리라 자신한다.

본문에 「슬기로운 자는 한나절 마치기도 전에 깨닫고, 둔해도 열흘이면 배울 수 있고…, 임금의 창제가 신의 조화 같아서, 우리나라 영원토록 어둠이 개었어라.」라 하고 있다. 「바람 소리, 학 울음소리, 닭 울음소리, 개 짖는 소리」는 물론 세상 온갖 소리를 그대로 적어, 훈민정음으로 세계 어둠이 영원토록 개는 그 날을 기대해 본다. 본 서를 편저할 수 있는 여지를 주신 세종 임금님께 황공무지로소이며, 임금 동서이자 편저자의 20대 조부이신 완역재[玩易齋], 19대 사숙재[私淑齋]조부님 및 그 형님이시며 8학사이신 인재[仁齋]조부님께 훈민정음의 시공간을 빌어 감히 존경의 인사 여쭙니다. 우리 선친 함자가 문수文守이시다. 내 이름은 구인求仁이다. 사랑으로 가득한 세상 만들라는 이름을 걸고, 글을 지키시겠다는 선친 함자의 뜻을 빌어 백성에게 인자하셨던 세종의 훈민정음 빛의 발현을 꿈꾸는 것은 필연 같기도 하다. 여기에 [사]훈민정음기념사업회 일로 불철주야 노심초사하시면서도, 지원을 아끼지 않으신 박재성 이사장님과 예쁜 책 만들어 주신 훈민정음[주]출판사 관계자 분들 노고에도 심심한 사의를 표하는 바입니다.

2022년 봄 자락에 벽창래[碧昌來] 강구인

추천사

6백여 년 전 새로운 문자가 동방의 작은 나라에서 섬광처럼 《훈민정음》이라는 이름으로 우리 곁에 다가왔다.

세종대왕이 우리 민족에게 하사한 위대한 선물 《훈민정음》은 그야말로 역사를 통째로 갈아엎는 거대한 파도였다. 그 일은 가히 문자혁명이었고, 세기의 대변환이었으며, 우리 민족의 변치 않는 태양 빛을 얻게 된 불후의 금자탑이었다.

기하학적이고 단순명료하며, 과학적이면서 내적 질서가 정연하고, 우주의 이치를 담은 선명한 글꼴 구조. 이러한 특성이 있는 훈민정음의 모습은 바로 우리 한민족에 대한 자존심을 세우려는 자각이었다.

《훈민정음》이라는 이름에는 백성을 어여삐 살피는 긍휼한 마음이 깔려있고, 백성을 사랑한다는 고백이며, 우리 말이 중국과 다름을 뼈저리게 인식한 문화적 주체성을 천명한 고고한 뜻이 담겨있다. 조선 초기 엄청난 한자 문화의 중력 속에서 백성을 위한 보다 쉬운 새로운 문자 스물여덟 자를 창제해내었다는 사실은 충격이자 기적 같은 일이었다.

쉽고 간명하며 체계적인 문자 《훈민정음》, 스물여덟 자 밖에 안되는 그것은 무궁무진한 작용성을 발휘하는 전대미문前代未聞의 문자혁명이었다.

지금을 살아가는 우리는 세계에서 가장 자랑할 수 있는 문화적 자산인 《훈민정음》의 원리를 찬란한 역사 속에서 살아 숨 쉬게 하려면 전통을 계승해야 한다. 그래서 《훈민정음》이 시대를 넘나드는 상상력의 불꽃이 번뜩이는 문화적, 실험적, 전위적, 통변적, 소프트웨어로서의 장점이 있다는 것을 바르게 알리는 훈민정음 해설사를 양성하고자 하는 이때 훈민정음기념사업회 교육원장의 중책을 맡은 강구인 선생이 『하늘·땅·사람 훈민정음』이라는 「훈민정음 해설사」지침서를 내놓게 됨을 경하해 마지않으며 이 책이 「훈민정음 해설사」의 이정표가 되기를 기대한다.

또한, 이 책을 통해서 오랜 실록의 흔적이 가늘지만 도도한 강물처럼 흘러온 역사를 통해 잊을 수 없는 이름 《훈민정음》이 가진 당돌함과 생명력 있는 미의식과 자긍심이 담긴 창작 의식이 미래에도 면면히 살아 숨 쉬도록 시간의 배를 타고 시간이 걸리더라도 한없이 과거로의 여행을 떠날 수 있는 「훈민정음 해설사」가 되기를 희망한다.

훈민정음 창제 578(2022)년 4월 1일
사단법인 훈민정음기념사업회
이사장 교육학 박사 박재성

訓民正音

목차

표지 제호
하늘땅사람 : 운곡 김동연
훈 민 정 흠 : 경산 박재성

참고문헌

셍종엉졩훈민정흠총록 〈박재성 2020 [주]문자교육〉

신강 훈민정음 〈서병국 1975 경북대학교 출판부〉

소설로 만나는 세종실록 속 훈민정음 〈박재성 2022 훈민정음(주)〉

언문 〈홍현보 2019 이회〉

훈민정음의 길 신미평전 〈박해진 2015 도서출판 나녹〉

훈민정음 해례본 입체강독본 〈김슬옹 2017 ㈜박이정〉

한글의 발명 〈정광 2015 김영사〉

쉽게 읽는 월인석보 서 〈나찬연 2018 경진출판〉

주해 장경 〈오상익 1993 동학사〉

역으로 보는 동양 천문 이야기 〈강진원 2009 정신세계사〉

음양오행론의 역사와 원리 〈김기승·이상천 2017 다산글방〉

음양오행으로 가는 길 〈전창선·어윤형 2019 와이겔리〉

대산 주역강의 〈김석진 2015 한길사〉

주역계사 강의 〈남회근 2011 도서출판 부키〉

관자 관중 〈김필수외 3인 옮김 2016 소나무〉

회남자 유안 〈안길환 옮김 2001 명문당〉

가원 천자문 대관 〈이윤숙 2020 도서출판 경연서원〉

채근담 〈임동석 2013 동서문화사〉

논어집주 〈성백효 2014 전통문화연구회〉

법언 양웅 〈이준영해역 2015 도서출판 자유문고〉

양화소록 강희안 〈이종묵 역해 2012 아키넷〉

한한대자전漢韓大字典 〈2020 민중서림〉

참고 사이트

조선왕조실록 http://sillok.history.go.kr/

편저자

벽창래碧昌來 강구인姜求仁

기해己亥생. 경기도 여주 사람. 진주 강씨 박사공파 28세 손.

충북대 건축공학과 졸업, 용인시청 지방공무원 30년 근무.

평안도 창성군 청산면 상경동 압록강변은 강씨 집성촌이다.

고조부[眞字 秀字 1814~1875]께서 15가구의 식솔과 1800년대 중반에 십승지十勝地인 풍기 소백산

자락으로 남하하면서 후손들이 현재 대한민국에 태어나 살게 되었음에 감사드린다.

- 2007년 제8회 전국 시조·가사 창작 공모전 장원

훈민졍흠과의 인연은

① 박사공파 8세世 조부 완역재 강석덕[玩易齋 碩德 1395~1459]님은 부인이 청송 심深씨 소헌왕후 자매
　로 세종임금과 동서간이고, 주역에 능통[玩易:역을 가지고 놀다]하였다.

　9세 조부[希孟 1424~1483]의 형이 8학사인 희안[希顔 1418~1465]이시다.

② 수학한 여주중학교가 영·영릉英寧陵 지척이라 어려서 세종 임금 묘소를 자주 갔었다.

③ ㈔훈민정음기념사업회 교육원장

훈민졍흠 발음오행에 따라 이름에
부족한 오행기운을 보완하는 작호作號 예

쉽게 읽기

① 이 책에서 '훈민졍흠'[고유명사] 어휘 만큼은 특별한 경우를 제외하고는 창제 당시대로 표기하였다.

② 내용 전개는 '훈민졍흠 해례' 순서로 하였다.

③ 서문과 예의 부분은 내용마다 '훈민졍흠 해례' 와 '월인석보 서문 언해본' 목판본 사본을, 제자해 부터는 해례본 사본을 게시하여 원문과의 대조를 쉽게 하였다.

④ 주 내용은 한글로 하며, 한문 원문을 첨부하고, 한글 독음을 달았다.

⑤ 이해를 돕기 위해 내용에 관계되는 음양오행 등 내용을 최대한 도식화 하였다.

⑥ 현대 한글 표기에서 사용하지 않는 사성[四聲]점은 중요시하지 않았다.

훈민졍즘
訓民正音

창　제 : 1443년 음력 12월 / 세종25년

창제자 : 세종대왕

반　포 : 1446년 음력 9월 상한上澣 / 세종 28년[33개월]

글자수 : 28자 [모음 11, 자음 17]

기념일 : 가갸날[1926년 음9.26 조선어 연구회]　　　　한글날[10월 9일〈1446년 음9월 상한 반포〉]

　　　조선글 날[북한1월 15일〈1443년 음12월 30일 창제 기록〉]　조선어 문자의 날[옌벤 조선족, 매년 9월 2일]

훈민졍즘 해례
訓民正音 解例

책장수 : 33장 1책

구성

－ 본문 [어제 서문 54자 , 예의]

－ 해례 [5해 1례 : 제자·초·중·종성·합자해·용자례]

－ 정인지서문 [창제목적·창제자·우수성·편찬일·편찬자 〈8학사學士〉]

　• 8학사 : 정인지·최항·박팽년·신숙주·성삼문·이개·이선로·강희안 [8학사는 홍범구주 표시]

국보 70 호 [1962년]

유네스코 세계 기록 유산 [1997년 10월] Memory of the World

소장 : 간송澗松미술관 [전형필全鎣弼]

발견 : 안동 와룡면 가야리 광산김씨 긍구당[光山金氏 肯構堂 /1940년 이용준 ·김태준]

4	9	2
3	⑤ 임금	7
8	1	6

홍범9주 : 전국을 9도로 나누어 중앙 서울에 임금이 위치하고 주위에 8도 배치 / 조선 8도, 9궁도, 주나라 정전법井田法

세종
대왕

조선 4대왕[1397~1450/54세] [54자]

재위 1418.8~1450.2 / 33년 [33장]

태종[1367~1422], 원경왕후[元敬王后] 민씨[閔氏] 3남男

태종 13년 충녕대군忠寧大君 봉함[양녕·효령·**충녕**·성녕대군]

휘諱 : 이도李祹   자字 : 원정元正

묘호廟號 : 세종世宗   아명兒名 : 막동莫同

왕후 : 우부대언[右副代言] 심온[沈溫]의 딸, 소헌왕후[1395~1446]

후사 : [소헌왕후]– 문종향珦, 수양대군[세조유瑈], 안평대군용瑢, 임영대군구璆, 광평대군여璵,

　　　　　　 금성대군유瑜, 평원대군림琳, 영응대군염琰, 정소공주, 정의공주[부마安孟聃]

　　[영빈강姜씨]-화의군영瓔

　　[신빈김金씨]-계양군증璔, 의창군강玒, 밀성군침琛, 익현군곤璭, 영해군당瑭, 담양군거琚

　　[혜빈양楊씨/단종 유모]-한남군어[瑜], 수춘군현玹, 영풍군전瑔

　　[숙원이李씨]-정안옹주[부마沈安義]

　　[상침송宋씨/침전궁인]-정현옹주[부마尹師路]

시호諡號 : 세종장헌영문예무인성명효대왕 世宗莊憲英文睿武仁聖明孝大王

　　　　 엄함과 공경으로 백성을 대하고, 행동이 착하고 밝아 본보기가 되었고, 학문에 영특하고, 병법에 슬기로우며,

　　　　 인자하고 뛰어나며, 총명하고 사리에 밝으며, 효성스러운 큰 임금

능호陵號 : 영릉英陵, 여주시 세종대왕면 왕대리

이달[1443년 음력 12월]에 임금[세종대왕]이 친히 언문 28자를 지으셨는데, 그 글자가 옛 전자篆字를 모방하고, 초성·중성·종성으로 나뉘어 합친 후에야 글자를 이룬다. 무릇 한자漢字에 관한 것과 우리말俚語에 관한 것을 모두 쓸 수 있고, 글자는 비록 간단·요약하지만 전환이 무궁하니, 이를 훈민졍흠이라 이른다.

조선왕조실록【태백산사고본】33책 102권 42장 A면 〔33장〕

癸亥 1443년[세종 25년] 음 12월 30일 庚戌 / 是月, 上親制諺文二十八字, 其字倣古篆, 分爲初中終聲, 合之然後乃成字, 凡于文字及本國俚語, 皆可得而書, 字雖簡要, 轉換無窮, 是謂訓民正音.

훈민졍흠訓民正音 : 임금이 지으신 언문[우리글]의 명칭
조선왕조실록에 시험 과목명 6회, 창제글 명칭 5회, 총 11회.

언문諺文 : 우리글, 우리말
① 조선왕조실록 215회 [諺字포함 1,156회], 승정원 일기 173회
② [종성해]또한 반설음의 'ㄹ'은 마땅히 우리말에나 쓸 것이요, 한자어 종성에는 쓸 수 없다. 且半舌之ㄹ°當用扵諺°而不可用扵文
한자에 대한 낮춤 말[卑語]이 절대 아님.

전자篆字 : 서예 전서체 / 훈민졍흠 해례본 한글 표기 글씨체

언문 발간 책자

용비어천가 [1445]
석보상절 [1447, 세조지음, 석가 연대기]
월인천강지곡 [1447, 세종26지음, 한자음을
　　　　　　　우리말 표기대로 표기]
사성통고 [1447]
동국정운 [1448]
홍무정운 역훈 [1455, 단종3]
월인석보 [1459, 세조지음, 월인천강지곡 +
　　　　　　석보상절]

훈민졍흠 반포

세종실록 113 권, 세종 28년[1446] 음력 9월 29일 갑오 [원문 게재]

○ 是月, 訓民正音成。御製曰:

國之語音, 異乎中國, 與文字不相流通, 故愚民有所欲言, 而終不得伸其情者多矣。予爲此憫然, 新制 二十八字, 欲使人(易)習, 便於日用耳。ㄱ牙音, 如君字初發聲, 並書如虯字初發聲。ㅋ牙音, 如快字初發聲。

ㆁ牙音, 如業字初發聲。ㄷ舌音, 如斗字初發聲, 並書如覃字初發聲。ㅌ舌音, 呑字初發聲。ㄴ舌音, 如那字初發聲。ㅂ脣音, 如彆字初發聲, 並書如步字初發聲。ㅍ脣音, 如漂字初發聲。ㅁ脣音, 如彌字初發聲。ㅈ齒音, 如卽字初發聲, 並書如慈字初發聲。ㅊ齒音, 如侵字初發聲。ㅅ齒音, 如戌字初發聲, 並書如邪字初發聲。ㆆ喉音, 如挹字初發聲。ㅎ喉音, 如虛字初發聲, 並書如洪字初發聲。ㅇ喉音, 如欲字初發聲。ㄹ半舌音, 如閭字初發聲。ㅿ半齒音, 如穰字初發聲。

·如呑字中聲, ㅡ如卽字中聲, ㅣ如侵字中聲, ㅗ如洪字中聲, ㅏ如覃字中聲, ㅜ如君字中聲, ㅓ如業字中聲, ㅛ如欲字中聲, ㅑ如穰字中聲, ㅠ如戌字中聲, ㅕ如彆字中聲。終聲復用初聲。ㅇ連書脣音之下, 則爲脣輕音, 初聲合用則並書。終聲同。

·ㅡㅗㅜㅛㅠ附書初聲之下, ㅣㅓㅏㅑㅕ附書於右。凡字必合而成音, 左加一點則去聲, 二則上聲, 無則平聲。入聲加點同而促急。

禮曹判書鄭麟趾序曰:

有天地自然之聲, 則必有天地自然之文, 所以古人因聲制字, 以通萬物之情, 以載三才之道, 而後世不能易也。然四方風土區別, 聲氣亦隨而異焉。蓋外國之語, 有其聲而無其字, 假中國之字, 以通其用, 是猶柄鑿之鉏鋙也, 豈能達而無礙乎? 要皆各隨所處而安, 不可强之使同也。吾東方禮樂文物, 侔擬華夏, 但方言俚語, 不與之同, 學書者患其旨趣之難曉, 治獄者病其曲折之難通。昔新羅薛聰始作吏讀, 官府民間, 至今行之, 然皆假字而用, 或澁或窒, 非但鄙陋無稽而已, 至於言語之間, 則不能達其萬一焉。癸亥冬, 我殿下創制正音二十八字, 略揭例義以示之, 名曰訓民正音。象形而字倣古篆, 因聲而音叶七調, 三極之義, 二氣之妙, 莫不該括。以二十八字而轉換無窮, 簡而要, 精而通, 故智者不崇朝而會, 愚者可浹旬而學。

以是解書, 可以知其義; 以是聽訟, 可以得其情。字韻則淸濁之能卞, 樂歌則律呂之克諧, 無所用而不備無所往而不達, 雖風聲鶴唳雞鳴狗吠, 皆可得而書矣。遂命詳加解釋, 以喩諸人。於是, 臣與集賢殿應敎崔恒、副校理朴彭年·申叔舟、修撰成三問、敦寧注簿姜希顔、行集賢殿副修撰李塏·李善老等謹作諸解及例, 以敍其梗槪, 庶使觀者不師而自悟。若其淵源精義之妙則非臣等之所能發揮也。恭惟我殿下天縱之聖, 制度施爲, 超越百王, 正音之作, 無所祖述, 而成於自然, 豈以其至理之無所不在而非人爲之私也? 夫東方有國, 不爲不久, 而開物成務之大智, 蓋有待於今日也歟!

[위]어제 서문 및 예의 [아래]정인지서문 / 해설은 본문 참조, 해례 부분이 없는 아쉬움.

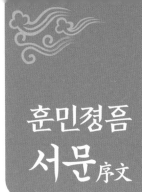

훈민정음 서문序文

28자 : 초성17 + 중성11

28수[하늘의 별자리]

동방7수 : 각항저방심미기
북방7수 : 두우여허위실벽
서방7수 : 규루위묘필자삼
남방7수 : 정귀류성장익진

해례 책자 서문 예의 7칸[양陽]
해례 책자 제자해 이하는 8칸[음陰]
서문 54자 + 임금1 = 55[하도수]
서문 54자 + 서문 예의 56칸 = 100

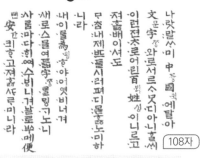

훈민정음

나랏말이 중국과 달라 한자로 서로 통하지 않으므로 어리석은 백성이 말하고자 하는 바가 있어도, 마침내 제 뜻을 잘 펴지 못하는 사람이 많더라. 내가 이를 딱하게 여겨, 새로 스물여덟 글자를 만드노니, 사람들로 하여금 쉽게 익혀, 나날이 쓰기에 편하게 하고자 할 따름이니라. [108자]

國之語音. 異乎中國. 與文字不相流通. 故愚民. 有所欲言而終不得伸其情者. 多矣. 予. 爲此憫然.

新制二十八字. 欲使人人易習. 便於日用耳. [54자]

국지어음. 이호중국. 여문자불상유통. 고우민. 유소욕언이종부득신기정자. 다의. 여. 위차민연.

신제이십팔자. 욕사인인이습. 편어일용이.

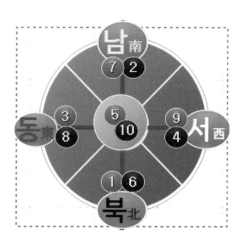

1459년[세조3] 월인석보 서序 언해

하도 河圖

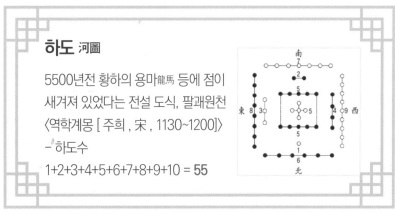

5500년전 황하의 용마龍馬 등에 점이 새겨져 있었다는 전설 도식, 팔괘원천 〈역학계몽 [주희 , 宋 , 1130~1200]〉
– 하도수

1+2+3+4+5+6+7+8+9+10 = **55**

훈민정음
예의 例義

엄 : 어금니 牙, 움 : 새싹 芽, 움집 : 움집 牙窟

ㄱ는 어금닛소리니 군자
　　처음 나는 소리와 같다.
　　나란히 쓰면 끃자
　　처음 나는 소리와 같다.
ㅋ는 어금닛소리니 쾡자
　　처음 나는 소리와 같다.
ㆁ는 어금닛소리니 업자
　　처음 나는 소리와 같다.

ㄱ。牙音。如君字初發聲 기아음여군자초발성
　並書。如虯字初發聲　병서여규자초발성
ㅋ。牙音。如快字初發聲 키아음여쾌자초발성
ㆁ。牙音。如業字初發聲 이아음여업자초발성

혓소리 ⊗ 火 여름 댬

어금닛소리 ⊗ 木 봄 동

잇소리 ⊗ 金 가을 서

목구멍소리 ⊗ 水 겨울 뷱

훈민정음에 감춰진 9궁九宮과 음양오행

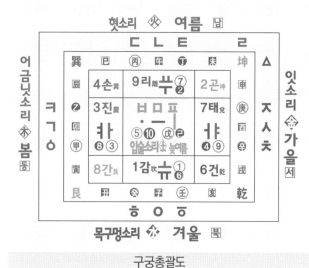

구궁총괄도

적색 : 양陽

황색 : 토土

청색 : 음陰

왕은 북쪽에서 남쪽을 앞으로 바라보고 자리하는 것이 구궁도와 같다.

[영화 '광해, 왕이 된 남자'의 어전회의 장면]

왕의 남면南面

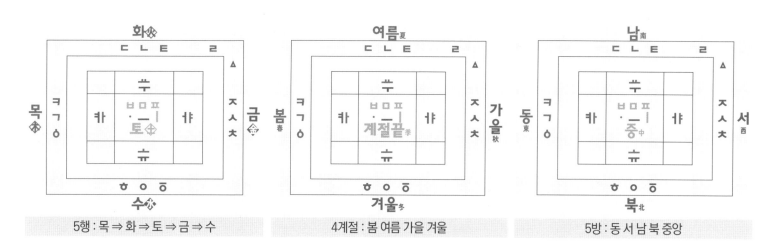

5행 : 목 ⇒ 화 ⇒ 토 ⇒ 금 ⇒ 수

4계절 : 봄 여름 가을 겨울

5방 : 동 서 남 북 중앙

훈민정흠에 감춰진 9궁九宮과 음양오행

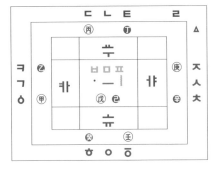

10간干 : 갑을병정무기경신임계

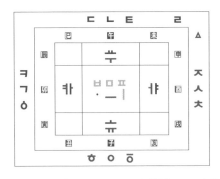

12지支 : 자축인묘진사오미신유술해

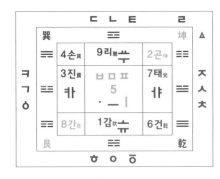

팔괘 : 1감 2곤 3진 4손 6건 7태 8간 9리 : 구궁

5음흠 : 아어금니 설혀 순입술 치이 후목구멍

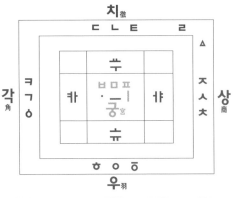

5성聲 : 궁 상 각 치 우

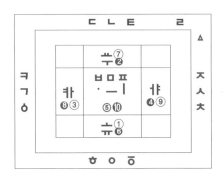

하도수 : 1·6수 2·7화 3·8목 4·9금 5·10토

훈민정음 예의 例義

발음 정리

석보상절 서의 훈민정음 서문 1459[세조5]

훈민정음 서문 1443[세종25]

종성 'ㅇ'[한자어]

셰종엉졩훈민졍흠世宗御製訓民正音

製졩는글지슬씨니御엉製졩는님금지으샨그리라訓훈은ㄱᄅ칠씨오民민은百빅姓셩이오

音흠은소리니訓훈民민正졍音흠은百빅姓셩ㄱᄅ치시는正졍혼소리라.

[발음]세종어제훈민졍흠

세종어제 훈민졍흠 졔는 글지을 씨니 어졔는 님금 지으샨

그리라 훈은 가르칠 씨오 민은 백셩이오 음은 소리니

훈민졍흠은 백셩 가르치시는 졍한 소리라.

종성해終聲解

'ㅇ'는 소리가 맑고 비어 종성 소리로는 필요치 않아 중성만으로도 음을 이룰 수 있다.
ㅇ聲淡而虛。不必用扵終。而中聲可得成音也。

종성해終聲解 결訣

오직 ㅇ 소리가 해당되는 곳에는 唯有欲 [ㅇ]聲所當處
중성으로 음을 이뤄 통할 수 있다. 中聲成音亦可通

이 책의 초·중성 낱자 발음 통일

표기 : ㄱㅋㆁㄷㅌㄴㅂㅍㅁㅈㅊㅅㆆㅎㅇㄹㅿ / ·ㅡㅣㅗㅏㅜㅓㅛㅑㅠㅕ

발음 : 기 키 이 디 티 니 비 피 미 지 치 시 이 히 이 리 이 / 아 으 이 오 아 우 어 요 야 유 여

초성 낱자

기역[其役] [명] 기역. 한글 자모 'ㄱ'의 음가 표기. ≪訓蒙, 凡例≫諺文字母(俗所謂半切二十七字). 初聲終聲通用八字, ㄱ(其役)·ㄴ(尼隱)·ㄷ(池末)·ㄹ(梨乙)·ㅁ(眉音)·ㅂ(非邑)·ㅅ(時衣) ·ㆁ(異凝). 末·衣兩字, 只取本字之釋, 俚語爲聲. 其·尼·池·梨·眉·非·時·異八音, 用於初聲. 役·隱·末·乙·音·邑·衣·凝八音, 用於終聲.
[박성훈 편저 훈몽자회주해. P92]

牙音앙흠 [엄쏘리]

ㄱ는君군 → 기

ㄲ는虯뀰 → 끼

ㅋ는快쾡 → 키

ㆁ는業업 → 이

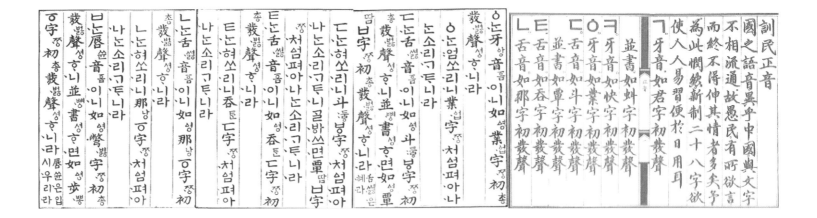

ㄷ는 혓소리니 둘자 처음 나는 소리와 같다.
　　나란히 쓰면 땀자 처음 나는 소리와 같다.
ㅌ는 혓소리니 툰자 처음 나는 소리와 같다.
ㄴ는 혓소리니 낭자 처음 나는 소리와 같다.

ㄷ。舌音。如斗字初發聲 디설음여두자초발성
　　並書。如覃字初發聲　　병서여담자초발성
ㅌ。舌音。如呑字初發聲 티설음여탄자초발성
ㄴ。舌音。如那字初發聲 니설음여나자초발성

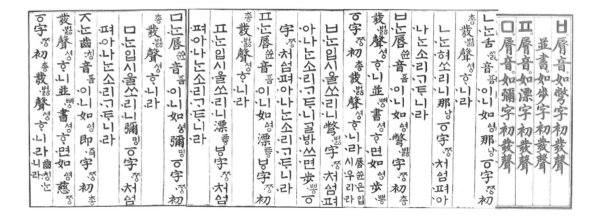

화火
목木 입술소리 금金
수水

ㅂ는 입술소리니 볋자 처음 나는 소리와 같다.
　　나란히 쓰면 뽕자 처음 나는 소리와 같다.
ㅍ는 입술소리니 푷자 처음 나는 소리와 같다.
ㅁ는 입술소리니 밍자 처음 나는 소리와 같다.

ㅂ。脣音。如彆字初發聲 비순음여별자초발성
　並書。如步字初發聲　병서여보자초발성
ㅍ。脣音。如漂字初發聲 피순음여표자초발성
ㅁ。脣音。如彌字初發聲 미순음여미자초발성

입시울 : 입술, 입가 脣,　시울 : 가장자리,
빗시울 : 뱃전 舟,　눈시울 : 눈가 睫

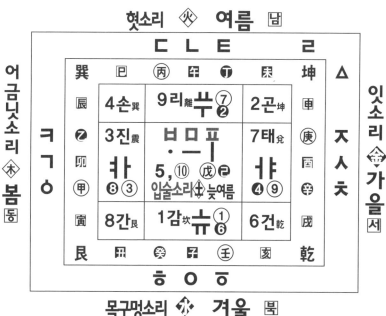

ㅈ는 잇소리니 즉자 처음 나는 소리와 같다.
　나란히 쓰면 쯩자 처음 나는 소리와 같다.
ㅊ는 잇소리니 침자 처음 나는 소리와 같다.
ㅅ는 잇소리니 슗자 처음 나는 소리와 같다.
　나란히 쓰면 쌍자 처음 나는 소리와 같다.

ㅈ。齒音。如即字初發聲　지치음여즉자초발성
　並書。如慈字初發聲　　병서여자자초발성
ㅊ。齒音。如侵字初發聲　치치음여침자초발성
ㅅ。齒音。如戌字初發聲　시치음여술자초발성
　並書。如邪字初發聲　　병서여사자초발성
ㄴ。舌音。如那字初發聲　니설음여나자초발성

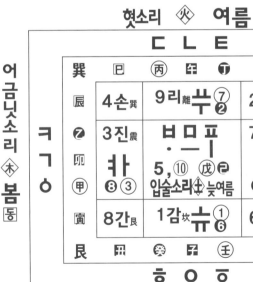

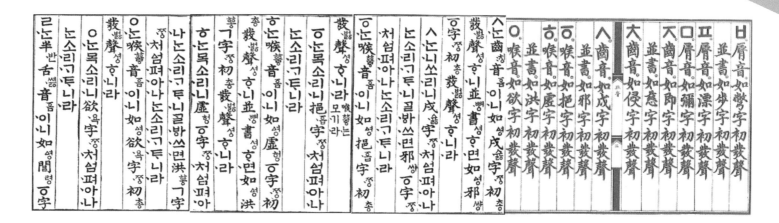

ㆆ는 목구멍소리니 흡자 처음 나는 소리와 같다.

ㅎ는 목구멍소리니 헝자 처음 나는 소리와 같다.

나란히 쓰면 韏자 처음 나는 소리와 같다.

ㅇ는 목구멍소리니 욕자 처음 나는 소리와 같다.

ㆆ。喉音。如挹字初發聲 이후음여읍자초발성

ㅎ。喉音。如虛字初發聲 히후음여허자초발성

　並書。如洪字初發聲　　병서여홍자초발성

ㅇ。喉音。如欲字初發聲 이후음여욕자초발성

작명作名 발음 오행

훈민졍흠 제자해에 [목소리 ㅇ는 목구멍을 본떴다. 목구멍은 깊숙하고 젖어 있으니 오행水다. 말소리는 비어 있는 듯 통하는 바 이는 물(水)이 투명하게 맑고 잘 흐르는 것과 같다. 계절은 겨울이고 음률은 羽音이다.]

◗ [사성통해 권두 〈운회35자모도〉, 〈홍무운 31자모도〉水[ㅁㅂㅃㅍ] 土[ㅇㅎ]
　　(한글의 발명 정광 2015 김영사 P317 표5-3, P319 표 5-4 참조)

◑ [훈민졍흠해례/한글] 土[ㅁㅂㅃㅍ] 水[ㅇㅎ]

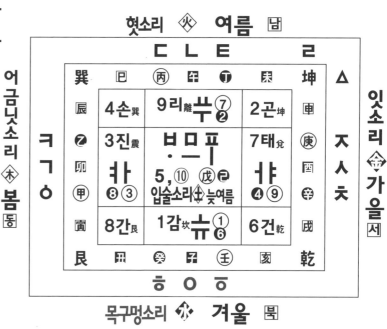

훈민정음 예의 例義

화火 반혓소리
반잇소리
목木 토土 금金
수水

(원문 이미지 — 한문 세로쓰기)

ㄹ는 반혓소리니 렁자 처음 나는 소리와 같다.
△는 반잇소리니 샹자 처음 나는 소리와 같다.

ㄹ。半舌音。如閭字初發聲 리반설음여려자초발성
△。半齒音。如穰字初發聲 이반치음여양자초발성

반음[ㄹ·△]과 삼복三伏 〈편저자 생각〉

- 오행 화火·금金 사이는 화극금火克金 관계며, 여름의 뜨거운 기운이 가을의 싸늘한 기운으로 바로 넘어가면 충돌하기 때문에 늦여름[토土]의 기운을 살려 준다. 삼복이란 절기 아닌 절기를 말한다. 방위로도 서남방은 길하지 않게 본다.
- 훈민정음에서도 초성을 12개월 12자로 하고, 늦여름[ㄹ]과 초가을[△]에 반음 2자를 더하면서 중앙 토土의 3자를 더해 오행의 충돌도 중화하고 하늘의 28수宿에 맞는 숫자도 고려한 듯한 느낌을 끝끝내 버릴 수 없다.

혓소리 火 여름 남

		ㄷ ㄴ ㅌ		ㄹ	
巽 巳	4손巽	9리離 ㅛ ⑦②	2곤坤	申	
辰 ㄱ 卯	3진震 ㅑ ⑧③	ㅂ ㅁ ㅍ · ㅡ 5,⑩ 입술소리 土 늦여름 戊 ㄹ	7태兌 ㅕ ④⑨	庚 酉	
甲 寅	8간艮	1감坎 ㅠ ①⑥	6건乾	戌 乾	

어금닛소리 木 봄 동
잇소리 金 가을 서

목구멍소리 水 겨울 북

훈민정음 예의 例義

訓民正音
國之語音異乎中國與文字
不相流通故愚民有所欲言
而終不得伸其情者多矣予
爲此憫然新制二十八字欲
使人人易習便於日用耳

ㄱ牙音如君字初發聲
並書如虯字初發聲

ㅋ牙音如快字初發聲

ㆁ牙音如業字初發聲

ㄷ舌音如斗字初發聲
並書如覃字初發聲

ㅌ舌音如呑字初發聲

ㄴ舌音如那字初發聲

ㅂ脣音如彆字初發聲
並書如步字初發聲

ㅍ脣音如漂字初發聲

ㅁ脣音如彌字初發聲

ㅈ齒音如卽字初發聲
並書如慈字初發聲

ㅊ齒音如侵字初發聲

ㅅ齒音如戌字初發聲
並書如邪字初發聲

ㆆ喉音如挹字初發聲

ㅎ喉音如虛字初發聲
並書如洪字初發聲

ㅇ喉音如欲字初發聲

ㄹ半舌音如閭字初發聲

ㅿ半齒音如穰字初發聲

·如呑字中聲
ㅡ如卽字中聲
ㅣ如侵字中聲

ㅗ如洪字中聲
ㅏ如覃字中聲
ㅜ如君字中聲
ㅓ如業字中聲

ㅛ如欲字中聲
ㅑ如穰字中聲
ㅠ如戌字中聲
ㅕ如彆字中聲

連書脣音
初聲合用

훈민정음 초성과 오행의 상관관계

화火 / 목木 토土 금金 / 수水

② 화火⑦
혓소리 舌音
南 여름 ㄴㄷㅌㄹ
빨강 ㅗㅛ

⑧ 목木③
어금닛소리 牙音
東 봄 ㄱㅋㆁ
파랑 ㅏㅑ

⑤ 토土⑩
입술소리 脣音
中계절끝 ㅁㅂㅍ
노랑 ·ㅡ

④ 금金⑨
잇소리 齒音
西 가을 ㅿㅅㅈㅊ
하양 ㅓㅕ

① 수水⑥
목구멍소리 喉音
北 겨울 ㅇㆆㅎ
검정 ㅜㅠ

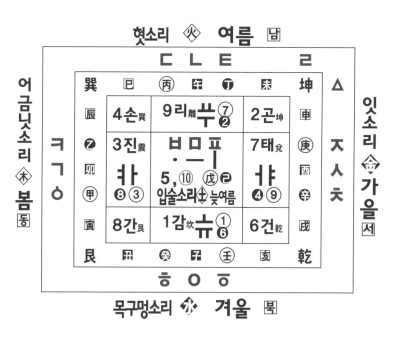

혓소리 火 여름 南

어금닛소리 ㅋㄱㆁ 봄 東

잇소리 金 가을 西

목구멍소리 水 겨울 北

ㄷ ㄴ ㅌ ㄹ
巽 巳 丙 午 丁 未 坤 ㅿ
辰 乙 │ 4손巽 │ 9리離 ㅠ ⑦② │ 2곤坤 │ 申 庚
卯 甲 │ 3진震 ㅏ ⑧③ │ ㅂㅁㅍ ·ㅡ 戊巳 │ 7태兌 ㅑ ④⑨ │ 酉 辛
寅 │ 8간艮 │ 1감坎 ㅠ ①⑥ │ 6건乾 │ 戌
艮 丑 癸 子 壬 亥 乾

5, ⑩ 입술소리 土 늦여름

훈민정음 예의 例義

하늘
사람
땅

· 는 튄자 가운뎃소리와 같다.
ㅡ는 즉자 가운뎃소리와 같다.
ㅣ는 침자 가운뎃소리와 같다.

· 。如呑字中聲 아여탄자중성
ㅡ。如即字中聲 으여즉자중성
ㅣ。如侵字中聲 이여침자중성

중성 순서도

삼재三才			하도수河圖數							
			생수生數				성수成數			
天천	地지	人인	양		음		양		음	
양	음		양		음		양		음	
5	10		1	3	2	4	7	9	6	8
·	ㅡ	ㅣ	ㅗ	ㅏ	ㅜ	ㅓ	ㅛ	ㅑ	ㅠ	ㅕ
	土토		水수	木목	火화	金금	火	金	水	木

숫자 홀수(1, 3, 5, 7, 9 : 기수奇數) – 양수陽數
짝수(2, 4, 6, 8, 0 : 우수偶數) – 음수陰數

헛소리 火 여름 曇

어금닛소리 木 봄 東

잇소리 金 가을 西

목구멍소리 水 겨울 北

	ㄷ ㄴ ㅌ	ㄹ
巽 巳 丙 午 丁 未 坤 △		
ㅋ ㄱ ㅇ 辰 4손巽 9리離 ㅠ⑦ⓛ 2곤坤 申 ㅈ ㅅ ㅊ		
卯 3진震 ㅂㅁㅍ 7태兌 酉		
甲 ㅏ ·ㅡㅣ ㅕ		
⑧③ 5,⑩ 戊 己 ④⑨		
寅 8간艮 입술소리 늦여름 戌		
良 1감坎 6건乾 乾		
癸 壬 亥		
ㅎ ㅇ ㆆ		

ㅗ는 훙자 가운뎃소리와 같다.

ㅏ는 땀자 가운뎃소리와 같다.

ㅜ는 군자 가운뎃소리와 같다.

ㅓ는 업자 가운뎃소리와 같다.

ㅗ。如洪字中聲 오여홍자중성

ㅏ。如覃字中聲 아여담자중성

ㅜ。如君字中聲 우여군자중성

ㅓ。如業字中聲 어여업자중성

삼재三才			하도수河圖數			
天천	地지	人인	생수生數			
양	음		양		음	
5	10		1	3	2	4
·	ㅡ	ㅣ	ㅗ	ㅏ	ㅜ	ㅓ
土토			水수	木목	火화	金금

훈민정음
예의 例義

ㆆ半齒音如穰字初發聲
ㆆ如吞字中聲
ㅇ如即字中聲
ㅣ如侵字中聲
ㅗ如洪字中聲
ㅏ如覃字中聲
ㅜ如君字中聲
ㅓ如業字中聲
ㅛ如欲字中聲
ㅑ如穰字中聲
ㅠ如戌字中聲
ㅕ如彆字中聲
終聲復用初聲。ㅇ連書脣音之下則爲脣輕音。初聲合用

ㅛ는 욕자 가운뎃소리와 같다.
ㅑ는 샹자 가운뎃소리와 같다.
ㅠ는 슗자 가운뎃소리와 같다.
ㅕ는 볋자 가운뎃소리와 같다.

ㅛ。如欲字中聲 요여욕자중성
ㅑ。如穰字中聲 야여양자중성
ㅠ。如戌字中聲 유여술자중성
ㅕ。如彆字中聲 여여별자중성

하도수河圖數			
성수成數			
양		음	
7	9	6	8
ㅛ	ㅑ	ㅠ	ㅕ
火	金	水	木

헛소리 火 여름 남

어금닛소리 木 봄 동
목구멍소리 水 겨울 북
잇소리 金 가을 서

	巽 巳 丙 午 丁 未		坤
巽 辰 乙 卯 甲 寅	4손巽 / 3진震 / 8간艮	9리離 ㅠ ⑦② / ㅂㅁㅍ ·ㅡ| 5,⑩ 戊 己 입술소리土 늦여름 / 1감坎 ㅗ ①⑥	坤 申 庚 酉 辛 戌 乾
	癸 子 壬 亥	2곤坤 / 7태兌 / 6건乾	

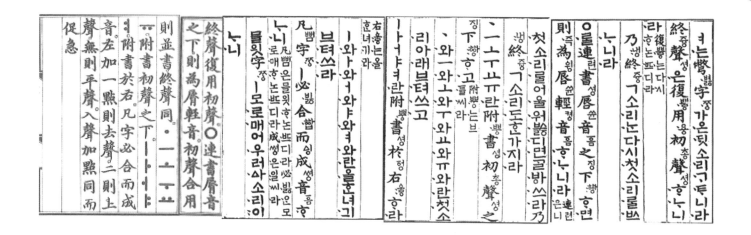

종성자는 초성자를 다시 쓴다. ㅇ를 입술 소리 아래 이어 쓰면 입술 가벼운 소리가 된다.

초성자를 합쳐 쓰려면 나란히 쓴다.

종성도 마찬가지다. · ㅡ ㅗ ㅜ ㅛ ㅠ는 초성 아래에 붙여 쓴다.

ㅣ ㅏ ㅓ ㅑ ㅕ는 초성 오른쪽에 붙여 쓴다. 무릇 글자는 반드시 합해야 소리를 이룬다.

終聲復用初聲。종성부용초성 ㅇ連書脣音之下。ㅇ연서순음지하 則爲脣輕音。즉위순경음 初聲合用則並書。초성합용즉병서

終聲同。종성동 · ㅡ ㅗ ㅜ ㅛ ㅠ。附書初聲之下。부서초성지하 ㅣ ㅏ ㅓ ㅑ ㅕ。附書於右。부서어우 凡字必合而成音。범자필합이성음

종성부용초성 : 종성엔 초성을 다시 쓴다.

순경음[입술 가벼운 소리] : ㅸ ㅹ ㆄ ㅱ

초성·종성 병서 : 껌 뚫 뿛 쏨 쭘…

부서법[붙여쓰기] : · ㅡ ㅗ ㅜ ㅛ ㅠ ⇒ ㄱ 그 고 국 뇨 늉

                ㅣ ㅏ ㅓ ㅑ ㅕ ⇒ 니 닦 던 땅 려

한자어 필히 초·중·종성 합침 : 셩종엉졩훈민졍흠 [발음은 세종어제훈민정음]

則並書終聲之下 ꞏ 一ㅗㅜㅛㅠ
附書初聲之下。凡字必合而成
音左加一點則去聲二則上
聲無則平聲入聲加點同而
促急

左장加강一힐點뎜ㅎ면則즉去聲성
ㅇ오左장加강ᄂᆞᆫ왼녀기라加강ᄂᆞᆫ더을ᄡᅦ라去청聲성
ㅇ오一힗點뎜은ᄒᆞ나히라

ㅇ오왼녀긔ㅎ點뎜을더으면ᄆᆞᆺ노푼소리
라

二ᅀᅵ則즉上썅聲성ㅇ오ㅗ上썅聲성은처
ᅀᅥᆷ ᄂᆞᆺ갑고乃냉終즁이노푼소리라

點뎜이둘히면上썅聲성ㅇ오

點뎜이업스면平뼝聲성ㅇ오

入십聲성은加강點뎜ᄒᆞ디同똥而ᅀᅵ促
急급ᄒᆞ니라入십聲성은ᄲᆞᆯ리긋돈ᄂᆞᆫ소
리라

無뭉則즉平뼝聲성ㅇ오無뭉ᄂᆞᆫ업슬씨
라平뼝聲성은ᄆᆞᆺ갑고

入십聲성은點뎜더우믄ᄒᆞᆫ가지로ᄃᆡ

漢한音흠齒칭聲성은有ᅌᅲᆫ齒칭頭뚱正
장齒칭之징別ᄇᆞᆯ이라漢한音흠은中듕
國귁소리라頭뚱

漢한音흠齒칭聲성은有ᅌᅲᆫ齒칭頭뚱正
정

中듕國귁소리옛니쏘리ᄂᆞᆫ齒칭頭뚱
ㅅ와正정齒칭ㅅ왜ᄀᆞᆯ히요미잇ᄂᆞ니

ㅈㅊㅉㅅㅆ字ᄍᆞᆼᄂᆞᆫ用ᅌᅭᆼ於헝齒칭頭뚱
ㅅᄂᆞᆫ머리라別ᄇᆞᆯ혼ᄡᅵ라

ᄭᅵ르니라

왼쪽에
한 점을 더하면 거성이 되고,
점이 둘이면 상성이고,
점이 없으면 평성이다.
입성은 점을 더하는 것은 같으나 빠르다.

左加一點則去聲。 좌가일점즉거성。
二則上聲。 이즉상성。
無則平聲。 무즉평성。
入聲加點同而促急。 입성가점동이촉급

여름
상성

봄
평성

가을
거성

입성
겨울

4성[평상거입]은 4계절 운행 관련

[세종실록 117 권 , 1447 년 , 세종 29 년 9 월 29 일 戊午,
동국정운 완성에 신숙주 서문 국역]

(중략) 사성四聲이란 것은 조화造化의 단서端緖로서
사시四時의 운행 이라.
(중략) 사성이 바로 잡히매 사시의 운행이 순하게 되니 ...(하략)

훈민정음
예의 例義

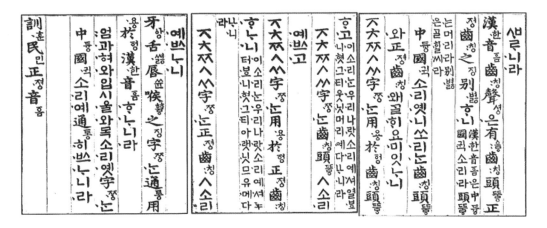

중국말에 있는 치두와 정치를 구별함이 있으니,

ㅈ ㅊ ㅉ ㅅ ㅆ 자는 치둣소리에 쓰고,

ㅈ ㅊ ㅉ ㅅ ㅆ 자는 정치 소리에 쓰니, 어금니와

혀와 입술과 목구멍 소리 글자는 중국 말에 두루 쓴다.

해례본에는 없고 언해본에서만
중국음 치두음과 정치음을 설명.
「몽고자운」의 36자모 분류로는
[아음, 설음〈설두·설상음〉, 순음〈순중·순경음〉,
치음〈치두·정치음〉, 후음, 반음〈반설·반치음〉]
치두음[齒頭音] : 중국어에서, 혀끝을 윗니 뒤에 가까
이하고 내는 잇소리.
정치음[正齒音] : 중국어에서, 혀를 말아 아래 잇몸에
가까이하고 내는 치음의 하나.

[Daum 어학사전]

한글 초·중성 정리표

○ 최세진[1468~1542] 한글 반절표(1527년 訓蒙字會)

중성(10) \ 초성(14)			자음	ㄱ	ㄴ	ㄷ	ㄹ	ㅁ	ㅂ	ㅅ	ㅇ	ㅈ	ㅊ	ㅋ	ㅌ	ㅍ	ㅎ	ㅿ
			명칭	기역	니은	디귿	리을	미음	비읍	시옷	이응	지	치	키	티	피	히	
				役	隱	末	乙	音	邑	衣	凝	之	齒	箕	治	皮	屎	而
모음	명칭	음양	생성수	木		火		土		金	水	金		木	火	土	水	金
ㅏ	阿	양	천3생 木	가	나	다	라	마	바	사	아	자	차	카	타	파	하	
ㅑ	也	양	천9생 金	갸	냐	댜	랴	먀	뱌	샤	야	쟈	챠	캬	탸	퍄	햐	
ㅓ	於	음	지4생 木	거	너	더	러	머	버	서	어	저	처	커	터	퍼	허	
ㅕ	餘	음	지8생	겨	녀	뎌	려	며	벼	셔	여	져	쳐	켜	텨	펴	혀	
ㅗ	吾	양	천1생 水	고	노	도	로	모	보	소	오	조	초	코	토	포	호	
ㅛ	要	양	천7생 火	교	뇨	됴	료	묘	뵤	쇼	요	죠	쵸	쿄	툐	표	효	
ㅜ	牛	음	지2생 水	구	누	두	루	무	부	수	우	주	추	쿠	투	푸	후	
ㅠ	由	음	지6생	규	뉴	듀	류	뮤	뷰	슈	유	쥬	츄	큐	튜	퓨	휴	
ㅡ	應	음	지10생 土	그	느	드	르	므	브	스	으	즈	츠	크	트	프	흐	
ㅣ	伊	-	인	기	니	디	리	미	비	시	이	지	치	키	티	피	히	
·	思	양	천5생															

☞ 응(應)에선 종성을 버리고, 사(思)에선 초성을 버린다.

훈민졍흠
예의 例義

훈민졍흠 예의 초·중성 정리표

초성(17) \ 중성(11)	例 한	例 漢	生成數	五行 / 초성	ㄱ	ㅋ	ㆁ	ㄷ	ㅌ	ㄴ	ㅂ	ㅍ	ㅁ	ㅈ	ㅊ	ㅅ	ㆆ	ㅎ	ㅇ	ㄹ	ㅿ
	例 한				군	쾡	업	둏	튼	낭	볋	푱	밍	즉	침	슗	흡	헝	욕	령	샹
	例 漢				君	快	業	斗	呑	那	彆	漂	彌	卽	侵	戌	挹	虛	欲	閭	穰
	五音				牙 어금니			舌 혀			脣 입술			齒 이			喉 목구멍			半舌	半齒
중성	한	漢	生成數	五行	木			火			土			金			水			火	金
·	ᄐᆞᆫ	呑	天5生	土	ᄀᆞ	ᄏᆞ	ᅌᆞ	ᄃᆞ	ᄐᆞ	ᄂᆞ	ᄇᆞ	ᄑᆞ	ᄆᆞ	ᄌᆞ	ᄎᆞ	ᄉᆞ	ᅙᆞ	ᄒᆞ	ᄋᆞ	ᄅᆞ	ᅀᆞ
ㅡ	즉	卽	地10成	土	그	크	ᅌᅳ	드	트	느	브	프	므	즈	츠	스	ᅙᅳ	흐	으	르	ᅀᅳ
ㅣ	침	侵	人		기	키	ᅌᅵ	디	티	니	비	피	미	지	치	시	ᅙᅵ	히	이	리	ᅀᅵ
ㅗ	뽕	洪	天1生	水	고	코	ᅌᅩ	도	토	노	보	포	모	조	초	소	ᅙᅩ	호	오	로	ᅀᅩ
ㅏ	땀	覃	天3生	木	가	카	ᅌᅡ	다	타	나	바	파	마	자	차	사	ᅙᅡ	하	아	라	ᅀᅡ
ㅜ	군	君	地2生	火	구	쿠	ᅌᅮ	두	투	누	부	푸	무	주	추	수	ᅙᅮ	후	우	루	ᅀᅮ
ㅓ	업	業	地4生	金	거	커	ᅌᅥ	더	터	너	버	퍼	머	저	처	서	ᅙᅥ	허	어	러	ᅀᅥ
ㅛ	욕	欲	天7成	火	교	쿄	ᅌᅭ	됴	툐	뇨	뵤	표	묘	죠	쵸	쇼	ᅙᅭ	효	요	료	ᅀᅭ
ㅑ	샹	穰	天9成	金	갸	캬	ᅌᅣ	댜	탸	냐	뱌	퍄	먀	쟈	챠	샤	ᅙᅣ	햐	야	랴	ᅀᅣ
ㅠ	슓	戌	地6成	水	규	큐	ᅌᅲ	듀	튜	뉴	뷰	퓨	뮤	쥬	츄	슈	ᅙᅲ	휴	유	류	ᅀᅲ
ㅕ	볋	彆	地8成	木	겨	켜	ᅌᅧ	뎌	텨	녀	벼	펴	며	져	쳐	셔	ᅙᅧ	혀	여	려	ᅀᅧ
—			각자 병서		虯			覃			步			慈		邪		洪			
					뀨			땀			뽕			쯩		썅		뽕			

훈민정음 제자해
制字解

천지 자연의 이치는
오직 하나 음양오행 뿐이다.

天地之道。 천지지도 一陰陽五行而已。 일음양오행이이

천지자연의 이치는 오직 하나 음양陰陽

음양 : 상대적 성질, 기능, 현상 등에 의해 이뤄지는 두 범주

주역周易 뇌풍항▦괘[위는 우뢰 아래는 바람] ○항은 형통해서 허물이 없어 바르게 함이 이로우니, 가는 바를 둠이 이롭다. ○단전에 이르길 항은 오래 함이니, ◁강이 올라가며 유가 내려오고, 우뢰와 바람이 서로 더불고 공손하면서 움직이고 강과 유가 다 응하는 것이 항이니, ◁"항은 형통해서 허물이 없어 바르게 함이 이로우니"는 그 도에 오래 함이니, ◁하늘과 땅의 도가 항구해서 그치지 않느니라...[생략]

恒▦[巽下震上]○恒亨无咎利貞利有攸往。○彖曰 恒久也。◁剛上而柔下雷風相與巽而動剛柔皆應恒。◁"恒亨无咎利貞"久於其道也。◁天地之道恒久而不已也。...[생략]

주역 계사상전5장 ○한번 음하고 한번 양하는 것을 일러 도라고 하니 ...[생략] 繫辭上傳五章○ 一陰一陽之謂道。

주역계사하전6장 ○공자[B.C.551~B.C.479]왈"건곤의 그 역의 문이고, 건은 양의 물건이고 곤은 음의 물건이니, 음과 양이 덕을 합해서 강과 유가 체가 있는지라, [건곤으로]써 천지의 일을 체하며 신명의 덕을 통하니

繫辭下傳六章○子曰"乾坤其易之門邪 乾陽物也坤陰物也。陰陽合德而剛柔有體以體天地之撰以通神明之德。[김석진, 대산 주역강의]

훈민정음에 나오는 음양오행 정리표												
천天건乾	**양**陽강剛남男	봄春여름夏	동東남南	목木 ㄱㅋㆁ	화火 ㄷㅌㄴㄹ	①ㅗ③ㅏ	⑦ㅛ⑨ㅑ	아牙설舌	각角치徵	인仁례禮	간肝심心
				토土 ㅂㅍㅁ		⑤·⑩ㅡㅣ		순脣	궁宮	신信	비脾	
지地곤坤**음**陰유柔女	가을秋겨울冬	서西북北	금金 ㅈㅊㅅㅿ	수水 ㆆㅎㅇ	②ㅜ④ㅓ	⑥ㅠ⑧ㅕ	치齒후喉	상商우羽	의義지智	폐肺신腎	

훈민정음
제자해
制字解

천지 자연의 이치는
오직 하나 음양오행 뿐이다.

天地之道。 천지지도 一陰陽五行而已。 일음양오행이이

오행五行 : 우주의 유기적으로 변해 가는[行]
다섯 기운[5기五氣 : 목木 화火 토土 금金 수水]의 조직 구조

① **4 時 4方土** : 관자[管子, 관중管仲 B.C.725~B.C.645]
각 계절의 끝 18 일 土 [진술축미辰戌丑未] ?
[木 : 목 18, 화 18, 금 18, 수 18, 토 18=90 일 / 90×4 계절 =360 일]
『管子』「四時篇」中央曰土 土德實輔四時 入出以風雨 節土益力

중앙을 土라 하는데 土의 덕은 사계절을 돕고 바람과 비로
사계절 운행을 도우며 土기 조절로 생장력을 증진시킨다.

② **4 時 5方土** : 회남자『淮南子, 회남왕 유안劉安 (B.C.179~B.C.122)』
「時則訓」季夏之月其位中央 其日戊己 盛德在土

여름과 가을 사이에 늦여름을 구분해 내어 중앙土 [戊己]와
배합시키니 성덕[무성함]이 土에 있다 .

[관자의 4시 4방 토]

[회남자의 4시 5방 토]

천지 자연의 이치는
오직 하나 음양오행 뿐이다.

天地之道。 천지지도 一陰陽五行而已。 일음양오행이이

훈민정흠 창제 당시 주역周易 학습 수준

① 세종임금

세종실록 58권, 세종 14년[1432] 10월 25일 경술

[생략]참찬관 권맹손에게 일러 말하기를, "예전 양녕 대군이[중략]요사이는 문안할 때에 인하여 또 《주역周易》의 강론을 나에게 받는다.[생략]

세종실록 86권, 세종 21년[1439] 7월 4일 경술 [생략]" 나는 경들의 말이 매우 오활迂闊하다고 생각한다.

《춘추春秋》에 말하기를, '국군國君이 밖에 있으면 세자가 나라에 있다.'고 하였고, 《주역周易》에 말하기를, '아비의 일을 아들이 맡아 처리한다.'고 하였다.[생략]

② 학역재學易齋 : 정인지 (1396~1478/1446, 50 세), 평생 주역 공부, 조선 풍수 주도

세조실록7권 , 세조 3년[1457] 4월 9일 임인 [생략]《주역周易》의 이치를 논하면서 김순金淳과 어효첨魚孝瞻을 돌아보고 물으니, 모른다고 대답하였다. 정인지가 아뢰기를, "문신文臣이 되가지고 주역周易을 알지 못하니, 마땅히 술로써 이를 벌주어야 겠습니다."[생략]

③ 완역재玩易齋 : 강석덕(姜碩德 1395~1459), 세종 동서, 8학사 강희안(1418~1464) 부친

호가 역을 가지고 놀다. 조선왕조실록의 장사 및 산릉도감 등 풍수지리 관련 15회 언급

훈민졍음 제자해 制字解

곤괘와 복괘의 사이가 태극이 되고
움직이고 멎고 한 뒤에 음양이 된다.

坤復之間爲太極。 곤복지간위태극

而動靜之後爲陰陽。 이동정지후위음양

곤괘와 복괘 사이

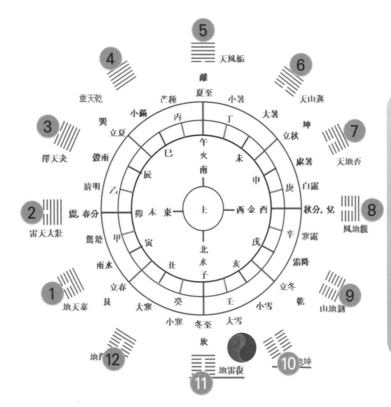

주역 괘상으로 나타낸 간지와 24절기 방위도

[이윤숙, 가원 천자문 대관 상권 P322]

12벽괘 辟卦 [12월 대표 괘]

☷ 1월	☰ 4월	☶ 7월	☷ 10월
지천태 地天泰	중천건 重天乾	천지비 天地否	중지곤 重地坤
☳ 2월	☴ 5월	☶ 8월	☷ 11월
뇌천대장 雷天大壯	천풍구 天風姤	풍지관 風地觀	지뢰복 地雷復
☱ 3월	☶ 6월	☶ 9월	☷ 12월
택천쾌 澤天夬	천산둔 天山遯	산지박 山地剝	지택림 地澤臨

곤괘와 복괘의 사이가 태극이 되고 움직이고 멎고 한 뒤에 음양이 된다.

坤復之間為太極。 곤복지간위태극

而動静之後為陰陽。 이동정지후위음양

태극이 되고 움직이고 멎고 한 뒤에 음양이 된다.

주역 계사상전 11장

역에는 태극이 있는데
태극은 음양을 낳고,
음양은 사상을 낳고,
사상은 팔괘를 낳는다.

繫辭上傳十一章 是 故易有太極,
是生兩儀,兩儀生四象,四象生八卦

무극

태극

양 | 음

一陽 | 一陰

태양 | 소음 | 소양 | 태음

건1乾 하늘 | 태2兌 연못 | 리3離 태양 | 진4震 우뢰 | 손5巽 바람 | 감6坎 물 | 간7艮 산 | 곤8坤 땅

태극 8괘 배치

태극 4괘 배치

광복군 태극기

태극기
[사괘는 같으나 태극이 좌우 진행 전도]

≠

훈민정음 제자해
制字解

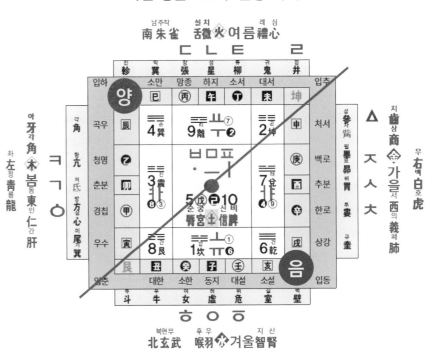

무릇 천지 자연에 살아 있는 것들이
음양을 버리고 어디로 가겠는가?

凡有生類在天地之間者。 범유생류재천지지간자
捨陰陽而何之。 사음양이하지

그러므로 사람의 성음도
모두 음양의 이치가 있는 것인데,
생각해보니 사람들이 살피지 못했을 뿐이다.

故人之聲音。 고인지성음
皆有陰陽之理。 개유음양지리
顧人不察耳。 고인불찰이

이제 정음이 만들어지게 된 것도
애초부터 지혜를 굴리고 힘 들여
찾은 것이 아니고,

今正音之作。 금정음지작
初非智營而力索。 초비지영이력색

단지 성음의 이치를 끝까지
연구한 것이다.

但因其聲音而極其理而已。 단인기성음이극기리이이

- 사람 성음도 모두 음양 이치 -

이치가 이미 둘 아닌데,
어찌 천지 자연이 음양의 신령과
함께 정음을 쓰지 않겠는가?

理既不二。則何得不與天地鬼神同其用也。

이개불이。 즉하득불여천지귀신동기용야。

귀鬼 : 음陰, 땅의 정령
신神 : 양陽, 하늘의 신

정음 28자는
각각 그 모양을 본떠 만들었다.
초성자는 모두 17자다.
어금닛소리 ㄱ는 혀뿌리가 목을 막는 모양,
혓소리 ㄴ는 혀가 윗 잇몸에 붙는 모양,
입술소리 ㅁ는 입 모양,
잇소리 ㅅ는 이 모양,
목구멍소리 ㅇ는 목구멍을 본떴다.

正音二十八字。 정음28자

各象其形而制之。 각상기형이제지

初聲凡十七字。 초성범17자

牙音ㄱ。 象舌根閉喉之形。 아음ㄱ。 상설근폐후지형。

舌音ㄴ。 象舌附上腭之形。 설음ㄴ。 상설부상악지형。

脣音ㅁ。 象口形。 순음ㅁ。 상구형。

齒音ㅅ。 象齒形。 치음ㅅ。 상치형。

喉音ㅇ。 象喉形。 후음ㅇ。 상후형。

정음 28자 → 상형문자

초성자 17자

어금닛소리	ㄱㅋㆁ
혓소리	ㄷㅌㄴ[ㄹ]
입술소리	ㅂㅍㅁ
잇소리	ㅈㅊㅅ[ㅿ]
목구멍 소리	ㆆㅎㅇ

중성자 11자

천지인	·ㅡㅣ
초생자	ㅗㅏㅜㅓ
재출자	ㅛㅑㅠㅕ

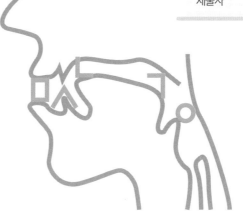

ㅋ는 ㄱ에 비해 소리가 조금 세게 나는 까닭으로 획을 더하였다.

ㄴ에서 ㄷ, ㄷ에서 ㅌ, ㅁ에서 ㅂ, ㅂ에서 ㅍ, ㅅ에서 ㅈ, ㅈ에서 ㅊ, ㅇ에서 ㆆ, ㆆ에서 ㅎ가됨도 그 소리로 말미암아 획을 더한 뜻은 같으나, 오직 ㆁ만은 다르다.

반혓소리 ㄹ, 반잇소리 ㅿ도 또한 혀와 이의 모양을 본떴으나, 그 짜임새를 달리해서 만들었기에 획을 더한 뜻은 없다.

> ㅋ는 ㄱ에 비해 소리가 조금 세게 나는 까닭

ㅋ比ㄱ。聲出稍厲。故加畫。 ㅋ비ㄱ。성출초려。고가획。

ㄴ而ㄷ。ㄷ而ㅌ。ㅁ而ㅂ。 ㄴ이ㄷ。ㄷ이ㅌ。ㅁ이ㅂ。

ㅂ而ㅍ。ㅅ而ㅈ。ㅈ而ㅊ。 ㅂ이ㅍ。ㅅ이ㅈ。ㅈ이ㅊ。

ㅇ而ㆆ。ㆆ而ㅎ。 ㅇ이ㆆ。ㆆ이ㅎ。

其因聲加畫之義皆同。 기인성가획지의개동。

而唯ㆁ為異。 이유ㆁ위이。

半舌音ㄹ。半齒音ㅿ。 반설음ㄹ。반치음ㅿ。

亦象舌齒之形而異其體。 역상설치지형이이기체。

無加畫之義焉。 무가획지의언。

– 자질문자[資質文字, featural writing system] –

영국 언어학자 Geoffrey Sampson, 1985년 처음 사용. 소리의 자질이 그 글자 모양에 대응되는 문자체계. 지구상엔 언문이 유일하고, 초성은 5[ㄱㄴㅁㅅㅇ] 기본자에 획을 더하거나 중복시켜 또 다른 음의 자질을 부여하고 중성은 천지인 [• ― ㅣ]을 위치적 음양결합으로 각자의 자질을 갖는다.

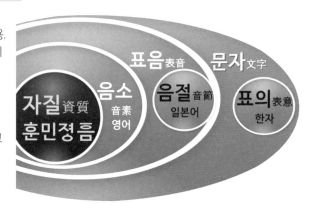

ㅋ는 ㄱ에 비해 소리가 조금 세게 나는 까닭으로 획을 더하였다.

ㄴ에서 ㄷ, ㄷ에서 ㅌ, ㅁ에서 ㅂ, ㅂ에서 ㅍ, ㅅ에서 ㅈ, ㅈ에서 ㅊ, ㅇ에서 ㆆ, ㆆ에서 ㅎ가됨도 그 소리로 말미암아 획을 더한 뜻은 같으나, 오직 ㆁ만은 다르다.

반혓소리 ㄹ, 반잇소리 ㅿ도 또한 혀와 이의 모양을 본떴으나, 그 짜임새를 달리해서 만들었기에 획을 더한 뜻은 없다.

ㅋ比ㄱ。聲出稍厲。故加畫。ㅋ비ㄱ。성출초려。고가획。

ㄴ而ㄷ。ㄷ而ㅌ。ㅁ而ㅂ。ㄴ이ㄷ。ㄷ이ㅌ。ㅁ이ㅂ。

ㅂ而ㅍ。ㅅ而ㅈ。ㅈ而ㅊ。ㅂ이ㅍ。ㅅ이ㅈ。ㅈ이ㅊ。

ㅇ而ㆆ。ㆆ而ㅎ。ㅇ이ㆆ。ㆆ이ㅎ。

其因聲加畫之義皆同。기인성가획지의개동。

而唯ㆁ為異。이유ㆁ위이。

半舌音ㄹ。半齒音ㅿ。반설음ㄹ。반치음ㅿ。

亦象舌齒之形而異其體。역상설치지형이이기체。

無加畫之義焉。무가획지의언。

자질문자

ㅋ는 ㄱ에 비해 소리가 조금 세게 나는 까닭으로 획을 더하였다.
ㄴ에서 ㄷ, ㄷ에서 ㅌ, ㅁ에서 ㅂ, ㅂ에서 ㅍ, ㅅ에서 ㅈ, ㅈ에서 ㅊ, ㅇ에서 ㆆ, ㆆ에서 ㅎ가됨도 …

7음조[七調]

궁[宮] ㅁ · 상[商] ㅅ · 각[角] ㄱ · 치[徵] ㄴ · 우[羽] ㅇ · 반상[半商] ㅿ · 반치[半徵] ㄹ

⇒ 중국7음조와 조화를 이루고자 5음에 반설 · 반치음조를 추가하여 28수에 28자를 맞췄다.

훈민정음 제자해 制字解

가획의 음양 조화

ㅋ는 ㄱ에 비해 소리가
조금 세게 나는 까닭으로
획을 더하였다.
ㄴ에서 ㄷ, ㄷ에서 ㅌ,
ㅁ에서 ㅂ, ㅂ에서 ㅍ,
ㅅ에서 ㅈ, ㅈ에서 ㅊ,
ㅇ에서 ㆆ, ㆆ에서 ㅎ가 됨도

訓民正音解例
制字解

天地之道一陰陽五行而已坤復之間爲太極而動靜之後爲陰陽凡有生類在天地之間者捨陰陽而何之故人之聲音皆有陰陽之理顧人不察耳今正音之作初非智營而力索但因其聲音而極其理而已理旣不二則何得不與天地鬼神同其用也正音二十八字各象其形而制之初聲凡十七字牙音ㄱ象舌根閉喉之形舌音ㄴ象舌附上腭之形脣音ㅁ象口形齒音ㅅ象齒形喉音ㅇ象喉形ㅋ比ㄱ聲出稍厲故加畫ㄴ而ㄷㄷ而ㅌㅁ而ㅂㅂ而ㅍㅅ而ㅈㅈ而ㅊㅇ而ㆆㆆ而ㅎ其因聲加畫之義皆同而唯ㆁ爲異半舌音ㄹ半齒音ㅿ亦象舌齒之形而異其體無加畫之義焉夫人之有聲本於五行故合諸四時而不悖叶之五音而不戾喉邃而潤水也聲虛而通如水之虛明而流通也於時爲冬於音爲羽牙錯而長木也聲似喉而實如木之生於水而有形也於時爲春於音爲角舌銳而動火也聲轉而颺如火之轉展而揚揚也於時爲夏於音爲徵齒剛而斷金也聲屑而滯如金之屑瑣而鍛成也於時爲秋於音爲商脣方而合土也聲含而廣如土之含蓄萬物而廣大也於時爲季夏於音爲宮

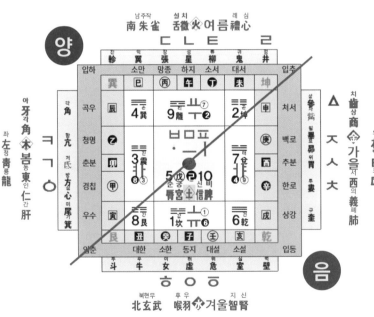

오행	오음	초성자음양			중성자음양			조금센발음 [稍厲]	음양조합	
		양 +	음 −	중 ±	ㆍ +	ㅡ −	ㅣ ±			
목 木	어금닛소리	ㄱ				ㅡ		ㅋ	+−	합合
화 火	헛소리	ㄴ ㄷ				ㅡ		ㄷ ㅌ ㄹ	+−	합 합
토 土	입술소리			ㅁ ㅂ				ㅂ ㅍ	±−	
금 金	잇소리		ㅅ ㅈ ㅅ ㅇ		ㆍ			ㅈ ㅊ ㅿ	−− −+	합
수 水	목구멍소리		ㅇ ㆆ ㅇ					ㆆ ㅎ ㆁ 엄닛소리	−− −+	합 합

하늘[○] 자동차[○] 흉물[X] 쳇바퀴[X]

무릇 사람 말소리는 오행에 뿌리를 두고 있다. 그래서 사계절에 맞춰봐도 어그러짐이 없으며 오음에도 잘 어울리며 어그러짐이 없다.

夫人之有聲本扵五行。 부인지유성본어오행
故合諸四時而不悖。 고합저사시이불패
叶之五音而不戾。 협지오음이불려

합저사시合諸四時 : 제諸는 지어之扵 줄임말
~에게 ~하기. 사계절에 맞다.

합合 : ④ 맞을 합, 合格有獲[易林]

패悖 = 려戾 어그러지다.

[한한대자전漢韓大字典 2020 민중서림]

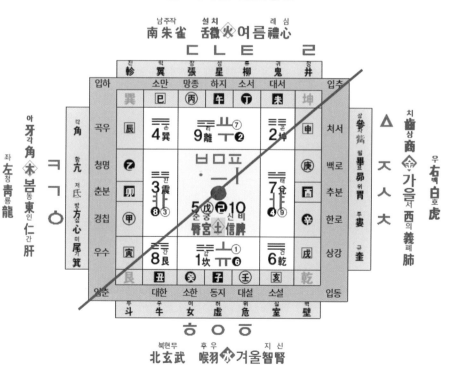

− 오행·사계절·훈민정흠 −

훈민정음 제자해 制字解

목구멍은 깊숙하고 젖어있으니 오행水[수]다.
말소리는 비어 있는 듯 통하는 바, 이는 물[水]이
투명하여 맑고 잘 흐르는 것과 같다.
계절은 겨울이고 음률은 우음[羽音]이다.

> 목구멍, 후음[喉音], 水[수], 겨울[冬], 우음[羽音]

어금니는 어긋나고 기니 오행木[목]이다. 소리는 목구멍 소리와
같으나 실[實]한 바, 나무가 물에서 나면서 형체가 있는 것과 같다.
계절은 봄이고 음률은 각음[角音]이다.

> 어금니, 아음[牙音], 木[목], 봄[春], 각음[角音]

혀는 재빠르게 움직이니 오행火[화]다.
소리는 구르고 날리는 듯하니,
불이 타올라 퍼져 상하로 오르내림같다.
계절은 여름이고 음률은 치음[徵音]이다.

> 혀, 설음[舌音], 火[화], 여름[夏], 치음[徵音]

이는 강하고 끊는 것이니 오행金[금]이다.
소리가 부서지고 걸린 듯함은 쇠가 부서뜨려졌다가
다시 단련하면 단단해지는 것과 같다.
계절은 가을이고 음률은 상음[商音]이다.

> 이, 치음[齒音], 金[금], 가을[秋], 상음[商音]

입술은 모난 것이 나란히 합해지고 오행土[토]다. 소리가
머금고 넓음은, 땅이 만물을 머금고 광대한 것과 같다.
계절은 늦여름이고 [4 時 5 方오행설] 음률은 궁음[宮音]이다.

> 입술, 순음[脣音], 土[토], 늦여름[季夏], 궁음[宮音]

[회남자의 4시 5방 토]

喉邃而潤。水也。聲虛而通。
후수이윤。수야。성허이통。
如水之虛明而流通也。於時為冬。於音為羽。
여수지허명이류통야。어시위동。어음이우。
牙錯而長。木也。聲似喉而實。
아착이장。목야。성이후음실。
如木之生於水而有形也。於時為春。於音為角。
여목지생어수이유형야。어시위춘。어음위각。
舌銳而動。火也。聲轉而颺。
설예이동。화야。성전이양。
如火之轉展而揚揚也。於時為夏。於音為徵。
여화지전전이양양야。어시위하。어음위치。
齒剛而斷。金也。聲屑而滯。
치강이단。금야。성설이체。
如金之屑瑣而鍜成也。於時為秋。於音為商。
여금지설쇄이단성야。어시위추。어음위상。
脣方而合。土也。聲含而廣。
순방이합。토야。성함이광。
如土之含蓄萬物而廣大也。於時為季夏。於音為宮。
여토지함축만물이광대야。어시위계하。어음위궁。

훈민정음 제자해 制字解

물은 만물을 낳는 근원이요,
불은 만물을 이루는 작용이니
오행 중 물·불이 큰 것이다.

然水乃生物之源。火乃成物之用。故五行之中。水火為大。

연수내생물지원。화내성물지용。고오행지중。수화위대。

[원시부터 물에서 생명 유지, 불에서 문명 발달]

5행	: 木목 → 火화 → 土토 → 金금 → 水수 →			[동양의 자연과 세상 변화 법칙]
4원소론	:	불 ignis 흙 terra	물 aqua 공기 aer	[서구의 세상의 구성 물질]
4대설 大說	:	火화 地지	水수 風풍	[불교의 세상 구성 요소]

목구멍은 소리가 나오는 문이요,

혀는 소리를 변별하는 기관이므로

오음 가운데서,

목구멍 소리와 혓소리가 으뜸이 된다.

목구멍은 뒤에 있고 어금니는 다음이므로

북쪽과 동쪽 방위다.

혀와 이가 또한 그 다음 있으니

남쪽과 서쪽의 방위다.

입술은 끝에 있으니 오행의 일정한

방위가 없이 네 계절에 기대어

각 계절을 왕성하게 한다.　관자의 4 時 4 方오행설

이런 즉 초성에도 자체 음양오행과

방위의 수가 있는 것이다.

喉乃出聲之門。舌乃辨聲之管。故五音之中。喉舌為主也。
후내출성지문。설내변성지관。고오음지중。후설위주야。

喉居後而牙次之。北東之位也。舌齒又次之。南西之位也。唇居末。
후거후이아차지。북동지위야。설치우차지。남서지위야。순거말。

土無定位而寄旺四季之義也。是則初聲之中。自有陰陽五行方位之數也。
토무정위이기왕사계지의야。시즉초성지중。자유음양오행방위지수야。

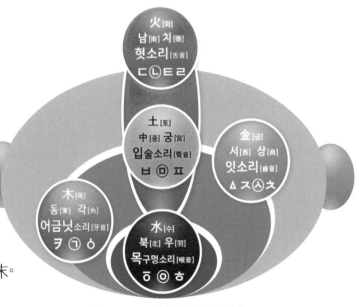

[훈민정음 초성 오행 얼굴 평면도]

또 말소리를 맑고 흐림으로 말하자면

ㄱㄷㅂㅈㅅㆆ는 맑은 소리 전청이고,

ㅋㅌㅍㅊㅎ는 다음 맑은 소리 차청이고,

ㄲㄸㅃㅉㅆㆅ는 흐린 소리 전탁이 되며,

ㆁㄴㅁㅇㄹㅿ는 맑지도 흐리지도 않은 불청불탁[울림소리]이다.

ㄴㅁㅇ는 소리가 가장 세지 않으므로 차례로는

비록 뒤에 있으나, 모양을 본떠 글자를 만드는 시초가 된다.

ㅅ와 ㅈ는 비록 다 전청이나

ㅅ는 ㅈ에 비해 소리가 거세지 않아,

글자를 만드는데 시초가 되었다.

又以聲音淸濁而言之。 우이성음청탁이언지。

ㄱㄷㅂㅈㅅㆆ。為全淸。 ㄱㄷㅂㅈㅅㆆ。위전청。

ㅋㅌㅍㅊㅎ。為次淸。 ㅋㅌㅍㅊㅎ。위차청。

ㄲㄸㅃㅉㅆㆅ。為全濁。 ㄲㄸㅃㅉㅆㆅ。위전탁。

ㆁㄴㅁㅇㄹㅿ。為不淸不濁。 ㆁㄴㅁㅇㄹㅿ。위불청불탁。

ㄴㅁㅇ。其聲㝡不厲。 ㄴㅁㅇ。기성최불려。

故次序雖在於後。而象形制字則為之始。

고차서수재어후。이상형제자즉위지시。

ㅅㅈ雖皆為全淸。而ㅅ比ㅈ。聲不厲。故亦為制字之始。

ㅅㅈ수개위전청。이ㅅ비ㅈ。성불려。고역위제자지시。

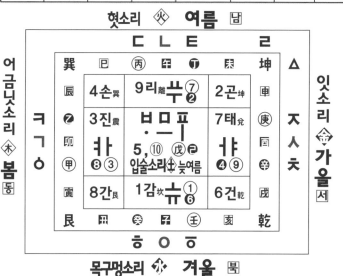

구분	어금닛소리 [牙音]	혓소리 [舌音]	입술소리 [脣音]	잇소리 [齒音]		목구멍소리 [喉音]	반혓소리 [半舌音]	반잇소리 [半齒音]
5행	木	火	土	金		水	火	金
전청	ㄱ君	ㄷ斗	ㅂ彆	ㅈ卽	ㅅ戌	ㆆ挹		
차청	ㅋ快	ㅌ呑	ㅍ漂	ㅊ侵		ㅎ虛		
전탁	ㄲ虯	ㄸ覃	ㅃ步	ㅉ慈	ㅆ邪	ㆅ洪		
불청불탁	ㆁ業	ㄴ那	ㅁ彌			ㅇ欲	ㄹ閭	ㅿ穰

혓소리 ◇火 여름 [남]

어금닛소리 ◈木 봄 [동]

입술소리 ◈土 늦여름

잇소리 ◈金 가을 [서]

목구멍소리 ◈水 겨울 [북]

훈민정음 초성 대표음 : ㄱ ㄴ ㅁ ㅅ ㅇ

오직 어금닛소리의 ㆁ는 비록 혀뿌리가 목구멍을 막아서 코로 소리 기운이 나가지만 ㆁ소리는 ㅇ와 비슷해서
운서에서도 의[疑〈ㆁ〉]와 유[喩〈ㅇ〉]가 많이 같이 쓰인다. 지금도 ㅇ를 목구멍을 본떠 만들었으나 어금닛소리 글자를
만드는 시초는 삼지 않았다. 대개 목구멍은 수[水, 물]에 속하고 어금니는 목[木, 나무]에 속하는 까닭에 ㆁ는 비록
어금닛소리에 속해 있으면서도 ㅇ와 비슷해 마치 새싹이 물기에서 나와 유약하고 연해[목木기운이 미약해] 거의
물기[수水기운]가 많기 때문이다.

唯牙之ㆁ。雖舌根閉喉聲氣出鼻。而其聲與ㅇ相似。

유아지ㆁ。수설근폐후성기출비。이기성여ㅇ상사。

故韻書疑與喩多相混用。今亦取象於喉。而不爲牙音制字之始。

고운서의여유다상혼용。금역취상어후。이불위아음제자지시。

盖喉屬水而牙屬木。ㆁ雖在牙而與ㅇ相似。

개후속수이아속목。ㆁ수재아이여ㅇ상사。

猶木之萌芽生於水而柔軟。尙多水氣也。

유목지맹아생어수이유연。상다수기야。

맹아   유연

나무[木, ㆁ[아음[牙음]]의 움[·笋 대순 아, 芽 싹 아]이 물[水 , ㅇ후음[喉음]]에서 싹트는 모습

ㄱ는 나무가 바탕을 이룬 것이고
ㅋ는 나무가 무성하게 자란 것이고,
ㄲ는 나무가 늙어 굳건해진 것이니,
이는 모두 어금니를
본뜬 데서 비롯된다.

ㄱ木之成質。ㅋ木之盛長。ㄲ木之老壯。
ㄱ목지성질。ㅋ목지성장。ㄲ목지노장。
故至此乃皆取象於牙也。
고지차내개취상어아야。

質[바탕 질] : 물건을 이룬 재료,
목지성질[木之成質] : 나무 형체를 이룸

ㄱ [나무묘목 : 나무의 성질] → ㅋ [성장목] → ㄲ [고목]

훈민정음 제자해 制字解

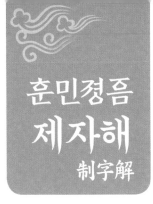

전청 글자를 나란히 쓰면 전탁이 되는 것은
전청의 소리가 엉기면 전탁이 되기
때문이다. 오직 목구멍 소리는 차청이
전탁이 되는데 그것은 대개 ㆆ는 소리가
깊어 엉기지 않고 ㅎ는 ㆆ에 비하여 소리가 얕아서
엉기어 전탁이 되기 때문이다.

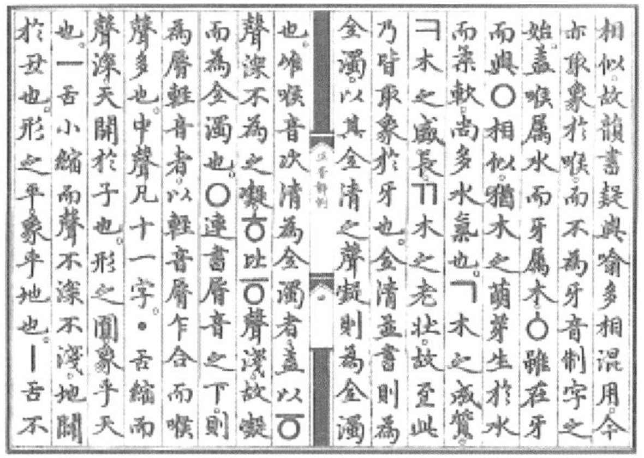
相似。故韻書疑與喩多相混用。今亦取象於喉。而不爲牙音制字之始。蓋喉屬水而牙屬木。ㆁ雖在牙而與ㅇ相似。猶木之萌芽生於水而柔軟。尙多水氣也。ㄱ木之成質。ㅋ木之盛長。ㄲ木之老壯。故至此乃皆取象於牙也。全淸並書則爲全濁。以其全淸之聲凝則爲全濁也。唯喉音次淸爲全濁者。蓋以ㆆ聲深不爲之凝。ㅎ比ㆆ聲淺。故凝而爲全濁也。ㅇ連書脣音之下。則爲脣輕音者。以輕音脣乍合而喉聲多也。中聲凡十一字。ㆍ舌縮而聲深。天開於子也。形之圓。象乎天也。ㅡ舌小縮而聲不深不淺。地闢於丑也。形之平。象乎地也。ㅣ舌不

全清並書則為全濁。以其全清之聲凝則為全濁也。
전청병서즉위전탁。이기전청지성응즉위전탁야。

唯喉音次清為全濁者。盖以ㆆ聲深不為之凝。ㅎ比ㆆ聲淺。故凝而為全濁也。
유후음차청위전탁자。개이ㆆ성심불위지응。ㅎ비ㆆ성천。고응이위전탁야。

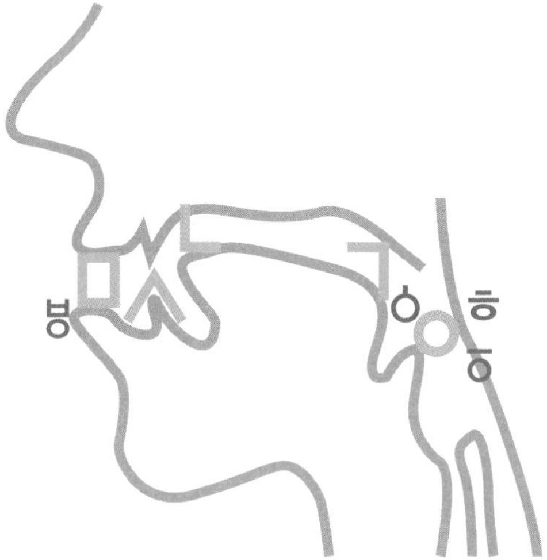

구분	어금닛소리 [牙音]	혓소리 [舌音]	입술소리 [脣音]	잇소리 [齒音]	목구멍소리 [喉音]	반혓소리 [半舌音]	반잇소리 [半齒音]
5행	木	火	土	金	水	火	金
전청	ㄱ君	ㄷ斗	ㅂ彆	ㅈ卽 ㅅ戌	ㆆ挹		
차청	ㅋ快	ㅌ呑	ㅍ漂	ㅊ侵	ㅎ虛		
전탁	ㄲ虯	ㄸ覃	ㅃ步	ㅉ慈 ㅆ邪	ㆅ洪		
불청불탁	ㆁ業	ㄴ那	ㅁ彌		ㅇ欲	ㄹ閭	ㅿ穰

ㅇ를 입술 소리 아래에 이어 쓰면 곧 입술 가벼운 소리(순경음)가 되는 것은
가벼운 소리는 잠깐 합쳐지면서 목구멍 소리가 많아지기 때문이다.

ㅇ連書脣音之下。則為脣軽音者。以軽音脣乍合而喉聲多也。
ㅇ연서순음지하。즉위순경음자。이경음순사합이후성다야。

순경음[입술 가벼운 소리] : ㅸ ㅹ ㅱ ㆄ

중성자는 모두 11자다.
• 는 혀가 오그라들고
소리가 깊어, 하늘이
자시[子時]에 열리는
것과 같다. 모양이 둥근
것은 하늘[天]을 본뜬
것이다.

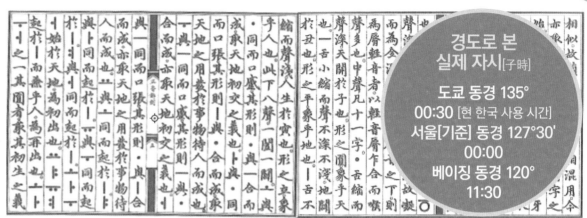

경도로 본
실제 자시[子時]

도쿄 동경 135°
00:30 [현 한국 사용 시간]
서울[기준] 동경 127°30'
00:00
베이징 동경 120°
11:30

―는 혀가 조금 오그라드니 소리가 깊지도 얕지도 않으므로 땅[地]이 축시[丑時]에서 열리는 것과 같다.
모양이 평평한 것은 땅을 본 뜬 것이다.

ㅣ는 혀가 오그라들지 않고 소리는 얕으니, 사람[人]이 인시[寅時]에 생기는 것과 같다.
서 있는 꼴은 사람[人]을 본뜬 것이다.

中聲凡十一字。중성범십일자。

·舌縮而聲深。天開扵子也。形之圓。象乎天也。

·설축이성심。천개어자야。형지원。상호천야。

―舌小縮而聲不深不淺。地闢扵丑也。形之平。象乎地也。

―설소축이성불심불천。지벽어축야。형지평。상호지야。

ㅣ舌不縮而聲淺。人生扵寅也。形之立。象乎人也。

ㅣ설불축이성천。인생어인야。형지립。상호인야。

사람 한자 : 인人 옆에서 봄 대大 팔과 다리 벌림 기 기절 므 ㄲ 무릎 꿇음 색色[위
人, 아래 ㅁ] 비比 앉아서 팔 뻗음 비比 돌아가신 어머니와 아버지, 北배 북 사람
ㄴ이 돌아 앉음 인儿 우뚝 선 사람[윤允 머리 좋은 사람, 원元 갓 쓴 사람, 형兄, 선
先 앞선 사람, 광光 머리 위 빛나는 불, 극克 투구 쓴 사람 아兒 사내아이] 립立 선
모양 로老 지팡이 짚은 노인

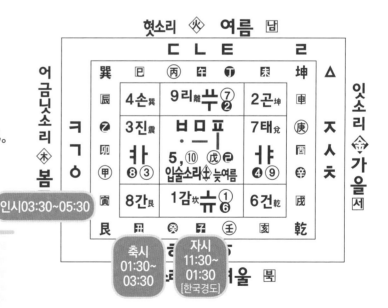

헛소리 火 여름 南
ㄷ ㄴ ㅌ   ㄹ

어금닛소리 木 봄   잇소리 金 가을 西
ㅋ ㄱ ㅇ   ㅈ ㅅ ㅊ

巽 辰   離 丙 午 丁 坤 申
4손巽 9리離 ㅛ⑦② 2곤坤
3진震 ㅂㅁㅍ 7태兌
ㅑ⑧③ 5,⑩戊 입술소리 늦여름 ㅕ④⑨
8간艮 1감坎 ㅠ①⑥ 6건乾

艮   坎 壬 癸   乾

인시03:30~05:30

축시
01:30~
03:30

자시
11:30~
01:30
[한국경도]

중성은 3재[三才]로 시작 : •하늘[둥글고] ―땅[네모나고] ㅣ사람[서 있고]

훈민정음 제자해 制字解

다음 여덟 소리는 한편으로는 거의 닫히고 한편으로는 열린다.

此下八聲。一闔一闢。차하팔성。일합일벽。

ㅗ는 ·와 같으나 입을 오무리며 그 모양이 ·가 ㅡ와 합해서 이루어진 것은 하늘과 땅이 처음으로 사귄다는 뜻이다.

ㅗ與·同而口蹙。其形則·與ㅡ合而成。取天地初交之義也。

ㅗ여·동이구축。기형즉·여ㅡ합이성。취천지초교지의야。

ㅏ는 ·와 같으나 입을 벌리며 그 모양은 ㅣ와 ·가 서로 합하여 이루어진 것으로 하늘과 땅의 쓰임이 일과 사물에 나타나서, 사람을 기다려 이루어진다는 뜻을 취한다.

ㅏ與·同而口張。其形則ㅣ與·合而成。

ㅏ여·동이구장。기형즉ㅣ여·합이성。

取天地之用發扵事物待人而成也。

취천지지용발어사물대인이성야。

ㅜ는 ㅡ와 같으나 입이 오무라지며 그 모양이 ㅡ가 ·와 합해서 이루어진 것은 역시 하늘과 땅이 처음으로 사귄다는 뜻을 취하였다.

ㅜ與ㅡ同而口蹙。其形則ㅡ與·合而成。亦取天地初交之義也。

ㅜ여ㅡ동이구축。기형즉ㅡ여·합이성。역취천지초교지의야。

ㅓ는 ㅡ와 같지만 입을 벌리니 그 모양은 ·와 ㅣ가 합해서 이루어진 것이며, 역시 하늘과 땅의 쓰임이 일과 사물에서 나타나되 사람을 기다려서 이루어진 뜻을 취한 것이다.

ㅓ與ㅡ同而口張。其形則·與ㅣ合而成。亦取天地之用發扵事物待人而成也。

ㅓ여ㅡ동이구장。기형즉·여ㅣ합이성。역취천지지용발어사물대인이성야。

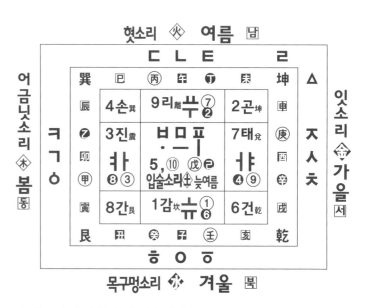

중성 처음 자 : ㅗ①양 ㅏ③양 ㅜ②음 ㅓ④음

ㅛ는 ㅗ와 같으나 ㅣ에서 일어난다.

ㅛ與ㅗ同而起扵ㅣ。 ㅛ여ㅗ동이기어ㅣ。

기오, 기오, 기오[빠르게 발음] → ㅛ

ㅑ는 ㅏ와 같으나 ㅣ에서 일어난다.

ㅑ與ㅏ同而起扵ㅣ。 ㅑ여ㅏ동이기어ㅣ。

이아, 이아 , 이아[빠르게 발음] → ㅑ

ㅠ는 ㅜ와 같으나 ㅣ에서 일어난다.

ㅠ與ㅜ同而起扵ㅣ。 ㅠ여ㅜ동이기어ㅣ。

디우 , 디우, 디우[빠르게 발음] → ㅠ

ㅕ는 ㅓ와 같으나 ㅣ에서 일어난다.

ㅕ與ㅓ同而起扵ㅣ。 ㅕ여ㅓ동이기어ㅣ。

기어 , 기어 , 기어[빠르게 발음] → ㅕ

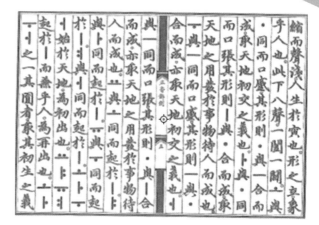

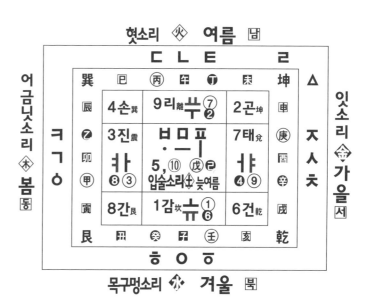

ㅗㅏㅜㅓ는
하늘과 땅에서
비롯된 것이라
처음 나온
것이다.

생수生數 1,3,2,4

ㅗㅏㅜㅓ始於天地。
為初出也。
ㅗㅏㅜㅓ시어천지。
위초출야。

ㅛㅑㅠㅕ는 丨에서 시작되어서 사람人[丨]을 겸하였으니 거듭 나온 것이다. 성수成數 7,9,6,8

ㅛㅑㅠㅕ起於丨而兼乎人。為再出也。 ㅛㅑㅠㅕ기어이겸호인。위재출야。

ㅗㅏㅜㅓ에서 그 둥근 것[·]을 하나로 한 것은 처음 생긴 의미를 취했다. 생수 1,3,2,4

ㅗㅏㅜㅓ之一其圓者。取其初生之義也。 ㅗㅏㅜㅓ지일기원자。취기초생지의야。

ㅛㅑㅠㅕ에서 그 둥근 것[·]을 둘로 한 것은
거듭 생겨 난 뜻을 취한 것이다. 성수數 7,9,6,8

ㅛㅑㅠㅕ之二其圓者。取其再生之義也。
ㅛㅑㅠㅕ지이기원자。취기재생지의야。

삼재三才			하도수河圖數							
天천	地지	人인	생수生數				성수成數			
양	음		양		음		양		음	
5	10		1	3	2	4	7	9	6	8
·	ㅡ	丨	ㅗ	ㅏ	ㅜ	ㅓ	ㅛ	ㅑ	ㅠ	ㅕ
土토			水수	木목	火화	金금	火	金	水	木

헛소리 火 여름 夏

ㄷ ㄴ ㅌ ㄹ

巽 巳 丙 午 丁 辰

어금닛소리 木 봄 春

ㅋ ㄱ ㆁ

乙 卯 甲 寅

4손巽 9리離 ⑦② 2곤坤
3진震 ㅂㅁㅍ 7태兌
ㅏ 5,⑩ 戊 ㄹ ㅑ
⑧③ 입술소리 土 늦여름 ④⑨
8간艮 1감坎 ①⑥ 6건乾

잇소리 金 가을 秋

ㅈ ㅅ ㅊ

申 庚 酉 辛 戌

ㅎ ㅇ ㆆ

癸 壬 亥 乾

목구멍소리 水 겨울 冬

ㅗㅏㅛㅑ의 둥근 것[·]이 위와 밖에 놓인
것은 하늘[·]에서 나와 양陽이기 때문이다.

ㅗㅏㅛㅑ之圓居上與外者。以其出於天而為陽也。

ㅗㅏㅛㅑ지원거상여외자。이기출어천이위양야。

ㅜㅓㅠㅕ의 둥근 것[·]이 아래와 안에 있는 것은 땅에서 나와
음陰이기 때문이다.

ㅜㅓㅠㅕ之圓居下與內者。以其出於地而為陰也。

ㅜㅓㅠㅕ지원거하여내자。이기출어지이위음야。

[·]이 위와 밖에 놓인 것은 하늘에서 나와 양陽
[·]이 아래와 안에 있는 것은 땅에서 나와 음陰

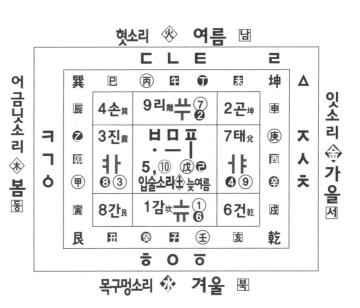

·가 여덟 소리에 두루 다 있는 것은 마치 양陽이 음陰을 거느리고
만물에 두루 흐름과 같다.

·之貫扵八聲者。猶陽之統陰而周流萬物也。

·지관어팔성자。유양지통음이주류만물야。

ㅛㅑㅠㅕ가 모두 사람[ㅣ]을 겸함은 사람이 만물의 영장으로 능히
음양陰陽에 참여할 수 있기 때문이다.

ㅛㅑㅠㅕ之皆兼乎人者。以人為萬物之靈而能參兩儀也。 양의兩儀 : 음양

ㅛㅑㅠㅕ지개겸호인자。이인위만물지령이능참양의야。

[중성]은 하늘과 땅과 사람에서 본뜬 것을 취하니
천지인天地人 삼재의 이치가 갖추어졌다.

取象扵天地人而三才之道備矣。

취상어천지인이삼재지도비의。

그러므로 천지인 삼재가 만물의 우선이 되고
하늘이 천지인 삼재의 시작이 되는 것과 같이
·ㅡㅣ 석자가 여덟 소리의 우두머리가 되고 또한
·자가 석자의 으뜸이 된다. ·ㅡㅣ 3재[하늘·땅·사람]

然三才為萬物之先。而天又為三才之始。

猶·ㅡㅣ三字為八聲之首。而·又為三字之冠也。

연삼재위만물지선。이천우위삼재지시。유·ㅡㅣ삼자위팔성지수。
이·우위삼자지관야。

ㅗ가 처음으로 하늘에서 나니 하늘의 수 10이고 水를 낳는 자리다 .

ㅗ初生於天。天一生水之位也。

ㅗ초생어천。천일생수지위야。

ㅗ 천생수天生數 1 오행 水

ㅏ가 다음으로 생기는데 하늘의 수 30이고 木을 낳는 자리다.

ㅏ次之。天三生木之位也。

ㅏ차지。천삼생목지위야。

ㅏ 천생수天生數 3 오행 木

ㅜ가 처음으로 땅에서 나니 땅의 수 20이고 火를 낳는 자리다.

ㅜ初生於地。地二生火之位也。

ㅜ초생어지。지이생화지위야。

ㅜ 지생수地生數 2 오행 火

ㅓ가 다음으로 생겨난 것이니 땅의 수 40이고 金을 낳는 자리다.

ㅓ次之。地四生金之位也。

ㅓ차지。지사생금지위야。

ㅓ 지생수地生數 4 오행 金

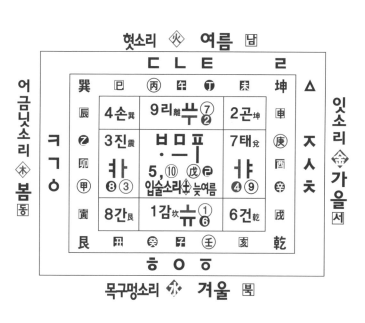

헛소리 火 여름 南
ㄷ ㄴ ㅌ ㄹ
어금닛소리 木 봄 東 ㅋ ㄱ ㅇ
잇소리 金 가을 西 ㅈ ㅅ ㅊ

巽 巳 丙 午 丁 未 坤
辰 4손巽 9리離 ㅛ⑦② 2곤坤 申
乙 卯 3진震 ㅂㅁㅍ ㅏ⑧③ ·ㅡㅣ 5,⑩戊 입술소리土 늦여름 ㅑ④⑨ 7태兌 庚 酉 辛
甲 寅 8간艮 1감坎 ㅠ①⑥ 6건乾 戌
艮 丑 癸 子 壬 亥 乾
ㅎ ㅇ ㆆ
목구멍소리 水 겨울 北

也。ㅗ與ㆍ同而口蹙，其形則ㆍ與ㅡ合而成，取天地初交之義也。ㅏ與ㆍ同而口張，其形則ㅣ與ㆍ合而成，取天地之用發於事物待人而成也。ㅜ與ㅡ同而口蹙，其形則ㅡ與ㆍ合而成，亦取天地初交之義也。ㅓ與ㅡ同而口張，其形則ㆍ與ㅣ合而成，亦取天地之用發於事物待人而成也。ㅛ與ㅗ同而起於ㅣ。ㅑ與ㅏ同而起於ㅣ。ㅠ與ㅜ同而起於ㅣ。ㅕ與ㅓ同而起於ㅣ。ㅗㅏㅜㅓ始於天地，爲初出也。ㅛㅑㅠㅕ起於ㅣ而兼乎人，爲再出也。ㅗㅏㅜㅓ之一其圓者，取其初生之義也。ㅛㅑㅠㅕ之二其圓者，取其再生之義也。ㅗㅏㅛㅑ之圓居上與外者，以其出於天而爲陽也。ㅜㅓㅠㅕ之圓居下與內者，以其出於地而爲陰也。ㆍ之貫於八聲者，猶陽之統陰而周流萬物也。ㅛㅑㅠㅕ之皆兼乎人者，以人爲萬物之靈而能參兩儀也。取象於天地人而三才之道備矣。然三才爲萬物之先，而天又爲三才之始，猶ㆍㅡㅣ三字爲八聲之首，而ㆍ又爲三字之冠也。ㅗ初生於天，天一生水之位也。ㅏ次之，天三生木之位也。ㅜ初生於地，地二生火之位也。ㅓ次之，地四生金之位也。ㅛ再生於天，天七成火之數也。ㅑ次之，天九成金之數也。ㅠ再生於地，地六成水之數也。ㅕ次之，地八成木之數也。水火未離乎氣，陰陽交合之初，故闔。木金陰陽之定質，故闢。ㆍ天五生土之位也。ㅡ地十成土之數也。ㅣ獨無位數者，盖以人則無極之眞，二五之精，妙合而凝，固未可以定位成數論也。是則中聲之中，亦自有陰陽五行方位之數也。以初聲對中聲而言之。陰陽，天道也。剛柔，地道也。中聲者，一深一淺一闔一闢，是則陰陽分而五行之氣具焉，天之用也。初聲者，或虛或實或颺或滯或重若輕，是則剛柔著而五行之質成焉，地之功也。中聲以深淺闔闢唱之於前，初聲以五

ㅛ가 두 번째로 하늘에서 생겨나니 하늘의 수로 7이고 火를 이루는 수다.

ㅛ再生於天。天七成火之數也。ㅛ재생어천。천칠성화지수야。 [ㅛ 천생수天生數 7 오행 火]

ㅑ가 다음으로 생겨나니 하늘의 수로 9이고 金을 이루는 수다.

ㅑ次之。天九成金之數也。ㅑ차지。천구성금지수야。 [ㅑ 천성수天成數 9 오행 金]

ㅠ가 두 째로 땅에서 생겨나니 땅의 수로 6이고 水를 이루는 수다. [ㅠ 지성수地成數 6 오행 水]

ㅠ再生於地。地六成水之數也。ㅠ재생어지。지육성수지수야。

ㅕ가 다음으로 생겨나니 땅의 수로 8이고 木을 이루는 수다 . [ㅕ 지성수地成數 8 오행 木]

ㅕ次之。地八成木之數也。ㅕ차지。지팔성목지수야。

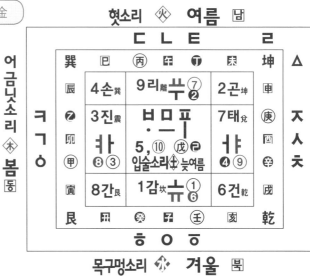

水[ㅗ 1 ㅠ 6] 火[ㅜ 2 ㅛ 7]는 아직 기를 벗어나지 못하고
음양이 서로 사귀어 어울리는 시초이기 때문에 거의 닫힌다.

水火未離乎氣。陰陽交合之初。故闔。 수화미리호기。음양교합지초。고합。

> 水[ㅗ 1 ㅠ 6] 火[ㅜ 2 ㅛ 7]는 물질을 못 이룬 음양 기운[닫힘]

木[ㅕ 8 ㅏ 3] 金[ㅓ 4 ㅑ 9]은 음양이 자리를 정했기에 열린다.

木金陰陽之定質。故闢。 목금음양지정질。고벽。

> 木[ㅕ 8 ㅏ 3] 金[ㅓ 4 ㅑ 9]은 음양기운으로 이룬 물질[열림]

·는 하늘의 수 5이고 土의 자리다.

·天五生土之位也。 ·천오생토지위야。

> · 하늘 천생수 5 土

ㅡ는 땅의 수 10이고 土의 수다.

ㅡ地十成土之數也。 ㅡ지십성토지수야

> ㅡ 땅 지성수 10 土

ㅣ만 홀로 자리가 없는 것은 대개 사람이면 무극의
참과 음양오행의 정기가 묘하게 어울려 엉기어, 진실로
자리를 정하고 수를 이루는 것을 밝힐 수 없기 때문이다.

ㅣ獨無位數者。蓋以人則無極之眞。二五之精。妙合而凝。
固未可以定位成數論也。

ㅣ독무위수자。개이인즉무극지진。이오지정。묘합이응。고미가이정위성수론야。

> ㅣ[사람]만 홀로 중성으로 수를 밝힐 수 없음

이런 즉 중성 속에도 또한 저절로 음양과 오행방위의 수가 있는 것이다.

是則中聲之中。亦自有陰陽五行方位之數也。 시즉중성지중。역자유음양오행방위지수야。

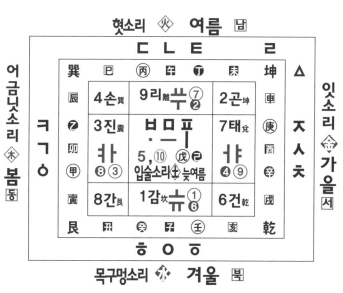

훈민정음 제자해 制字解

초성 중성을 맞대 말해 보자. 중성의 음양은
하늘의 이치다. 초성의 강유는 땅의 이치이다.

以初聲對中聲而言之。陰陽。天道也。剛柔。地道也。

이초성대중성이언지。음양。천도야。강유。지도야。

> 중성은 하늘 기운, 초성은 땅 기운

중성은 하나가 깊으면 하나는 얕고, 하나가 닫히면 하나가 열리니,
이런 즉 음양이 나뉘고, 오행기운이 갖춰지니 하늘의 작용이다.

中聲者。一深一淺一闔一闢。是則陰陽分而五行之氣具焉。天之用也。

중성자。일심일천일합일벽。시즉음양분이오행지기구언。천지용야。

> 중성은 하늘의 기운 작용

초성은 어떤 것은 비고[목구멍 소리], 어떤 것은 실하고[어금닛소리],
어떤 것은 날리고[혓소리], 어떤 것은 걸리고[잇소리],
어떤 것은 무겁고[순중음(脣重音)], 어떤 것은 가볍고
[순경음(脣輕音)], 이런 즉 강하고 부드러운 것이 드러나서
여기에 오행의 바탕이 이루어진 것이니 땅의 공이다.

初聲者。或虛或實或颺或滯或重若輕。
是則剛柔著而五行之質成焉。地之功也。

초성자。혹허혹실혹양혹체혹중약경。시즉강유저이오행지질성언。지지공야。

> 초성은 하늘의 기운을 받아 땅에서 구체적인 기운의 모습으로 발음하게 됨

헛소리 火 여름 남

	ㄷ ㄴ ㅌ	ㄹ	
어금닛소리 木 巽 巳 丙 午 丁 未 坤	4손巽	9리離 ㅠ⑦②	2곤坤
ㅋ ㄱ ㅇ	辰 乙	⅓진震	申
봄 동	3진震 ㅑ⑧③	ㅂ ㅁ ㅍ 5,⑩戊己 입술소리土늦여름	7태兌 ㅕ④⑨
	寅 甲	戊	庚 酉 辛 戌
艮 丑	8간艮	1감坎 ㅠ①⑥	6건乾
	癸 子 壬 亥		乾

목구멍소리 水 겨울 북

잇소리 金 가을 서 ㅈ ㅅ ㅊ

ㅎ ㅇ ㆆ

훈민정음 제자해 制字解

중성이 깊고 얕고 오므라지고 펴짐으로써 앞에서 소리 나고, 초성이 오음의 맑고 흐림으로써 뒤에서 화답하여, 초성이 되고 다시 종성이 된다.

中聲以深淺闔闢唱之於前。初聲以五音淸濁和之於後。而為初亦為終。 중성이심천합벽창지어전。초성이오음청탁화지어후。이위초역위종

또한, 이는 만물이 땅에서 처음 생겨나서, 다시 땅으로 돌아가는 것을 볼 수 있다.

亦可見萬物初生於地。復歸於地也。 역가견만물초생어지。복귀어지야。

초·중·종성이 합해 이뤄진 글자를 말하면, 또한 움직임과 멈춤이 서로간 뿌리가 되며 음양이 서로 바뀌는 뜻이 있다. 움직임[動]은 하늘, 멈춤[靜]은 땅, 동정을 겸한 것이 사람이다.

以初中終合成之字言之。亦有動靜互根陰陽交變之義焉。動者。天也。靜者。地也。兼乎動靜者。人也。 이초중종합성지자언지。역유동정호근음양교변지의언。동자。천야。정자。지야。겸호동정자。인야。

대개 오행이 하늘에서는 신[神, 우주]의 운행이며, 땅에서는 바탕을 이룸이요, 사람에겐 인의예지신이 정신의 운행이요, 간심비폐신장이 [신체의] 바탕을 이룸이다.

盖五行在天則神之運也。在地則質之成也。在人則仁禮信義智神之運也。肝心脾肺腎質之成也。 개오행재천즉신신지운야。재지즉질지성야。재인즉인례신의지신지운야。간심비폐신질지성야。

하늘땅사람 훈민졍흠 55

훈민정음 제자해 制字解

대개 오행이 하늘에서는 신[神, 우주의 정령]의 운행
이며, 땅에서는 바탕을 이룸이요,
사람에겐 인의예지신이 정신의 운행이요,
간심비폐신장이 [신체의] 바탕을 이룸이다.

서울 4대문 [인의예지신]

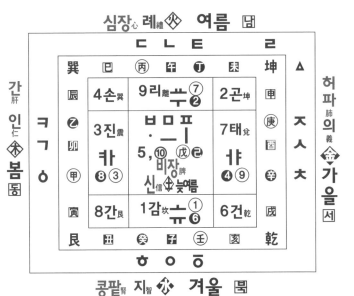

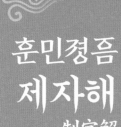
오행 정리

5행	5방	4계	5궁	5관	5장	6부	5음	5성	훈민정흠		5맛	5상
木	동	봄	청룡	눈	간장	쓸개	아牙	각角	ㄱㅋㆁ	ㅏㅑ	신맛	인仁
火	남	여름	주작	혀	심장	소장	설舌	치徵	ㄷㄴㄹㅌ	ㅗㅛ	쓴맛	례禮
土	중앙	-	황룡	입	비장	위장	순脣	궁宮	ㅂㅁㅍ	ㆍㅣㅡ	단맛	신信
金	서	가을	백호	코	허파	대장	치齒	상商	ㅈㅅㅊㅿ	ㅓㅕ	매움	의義
水	북	겨울	현무	귀	콩팥	방광	후喉	우羽	ㆆㅇㅎ	ㅜㅠ	짠맛	지智

채근담 菜根譚 **49편** 篇

肝受病則目不能視[간수병즉목불능시]　간이 병들면 눈으로 볼 수 없게 되고

腎受病則耳不能聽[신수병즉이불능청]　콩팥이 병들면 귀로 들을 수 없게 된다.

病受於人所不見[병수어인소불견]　병은 사람의 볼 수 없는 곳에 들었지만,

必發於人所共見[필발어인소공견]　반드시 사람들이 볼 수 있는 곳에 나타난다.

故君子欲無得罪於昭昭[고군자욕무죄어소소]　고로 군자는 밝은 곳에 죄를 드러내지 않으려면

先無得罪於冥冥[선무득죄어명명]　먼저 보이지 않는 곳에서 죄를 짓지 말아야 한다.

초성은 발동發動의 뜻이 있으니 하늘의 일이요,

종성은 지정止定의 뜻이 있으니, 땅의 일이요,

중성은 초성의 낳음을 잇고 종성의 이룸을 받으니 사람의 일이다 .

初聲有發動之義。天之事也。終聲有止定之義。地之事也。

中聲承初之生。接終之成。人之事也。

초성유발동지의。천지사야。종성유지정지의。지지사야。중성승초지생。접종지성。인지사야。

천지인天地人 3재三才를 재차 강조

대개 글자 소리의 중심은 중성에 있으니, 초성 종성과 합하여 소리를 이룬다. 또한 이것은 천지가

만물을 생성하나, 그것이 쓸모 있게 돕는 것은 반드시 사람에게 힘입음과 같다.

蓋字韻之要。在於中聲。初終合而成音。亦猶天地生成萬物。而其財成輔相則必賴乎人也。

개자운지요。재어중성。초종합이성음。역유천지생성만물。이기재성보상즉필뢰호인야。

소리 중심이 중성[사람]에 있다. [한시漢詩의 운韻]

山中問答산중문답 이백(李白, 701~762)

問余何事棲碧山[문여하사서벽산]	나한테 무엇 때문에 산속에 사느냐 하는데도
笑而不答心自閑[소이부답심자한]	웃으며 대답 않았지만 마음만은 그저 한가롭다 .
桃花流水杳然去[도화유수묘연거]	복사꽃이 흐르는 냇물에 아득히 떠내려가니
別有天地非人間[별유천지비인간]	인간 세상이 아닌 별천지로다 .

野雪야설 이양연(李亮淵, 1771[영조47]~1853[철종 4])

穿雪野中去[천설야중거]	눈길 뚫고 들길 가도
不須胡亂行[불수호란중]	모름지기 어지럽게 가지 마라 .
今朝我行跡[금조아행적]	오늘 아침 내 발자국이
遂爲後人程[수위후인정]	마침내 뒷사람의 이정표 될 것이니.

재성보상財成輔相

주역周易[지천태 地天泰 ䷊]

象曰 天地交 泰 . 后以, 財成天地之道,輔相
天地之宜 以左右民 .

상 [象]에 이르길 하늘과 땅의 사귐이 泰니,
왕자 [后]는 이 괘[卦]를 보고[后以] 천지의
도 [道]를 재단하여 이루며, 천지의 마
땅[正義]함으로 백성을 좌우로 돕는다.

종성에 초성을 다시
쓰는 것은, 움직이는
양陽도 건乾이요,
멈추어 음陰인 것도
건이니, 건은 실로
음양으로 나뉜다
하더라도 주재하지

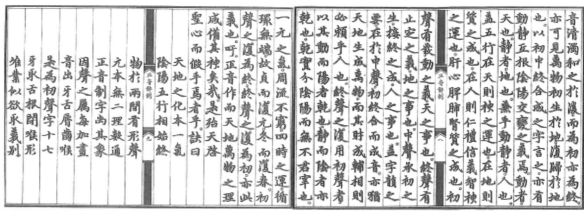

않음이 없기 때문이다. 終聲之復用初聲者。以其動而陽者乾也。靜而陰者亦乾也。乾實分陰陽而無不君宰也。

종성지부용초성자。이기동이양자건야。정이음자역건야。건실분음양이무불군재야。

일원一元의 기氣가 두루 흘러 다하지 않고 사계절 운행이
돌고 돌아 끝이 없으므로, 정貞에서 다시 만물의 시초[元]가
되고, 겨울[貞]에서 다시 봄[元]이 된다. 초성이 다시 종성이 되고,
종성이 다시 초성이 됨도 또한 이와 같은 뜻이다.

一元之氣。周流不窮。四時之運。循環無端。故貞而復元。冬而復春。
初聲之復為終。終聲之復為初。亦此義也。 일원지기。주류불궁。사시지운。
순환무단。고정이부원。동이부춘。초성지부위종。종성지부위초。역차의야。

아아 ! 정음을 만듦에 천지만물의 이치가 다 갖추어 졌으니,
그 참 신묘하구나 ! 이는 거의 하늘이 吓。正音作而天地萬物之理
咸備。其神矣哉。是殆天啓 우。정음작이천지만물지리함비。기신의재。시태천계
성군聖君[세종]의 마음을 열어, 그 손을 빌렸음이로다!
聖心而假手焉者乎。 성심이가수언자호。

주역 수사법에 비견 주역[계사상전 11章] 是故天生神物，聖人則之，天地變化，聖人效之，天垂象，見吉凶，聖人象之，河出圖，洛出書，聖人則之。
하늘이 신물[神物]을 내거늘 성인이 그것을 본받고, 천지[天地]가 변화하니 성인이 그것을 이어받으며, 하늘이 상[象]을 드리워 길흉을 드러내니
성인이 그것을 象으로 삼았다. 또 하도[河圖]와 낙서[洛書]가 나와 성인이 그것을 본받았다 .

周易 重天乾☰元,亨,利,貞. 주역, 중천건 원형이정
初九 潛龍勿用. 잠룡물용
九二 見龍在田,利見大人. 견룡재전 이견대인
九三 君子終日乾乾,夕惕若,厲 無咎. 군자종일건건, 석척약, 려 무구.
九四 或躍在淵,無咎. 혹약재연, 무구.
九五 飛龍在天,利見大人. 비룡재천, 이견대인.
上九 亢龍有悔. 항룡유회.

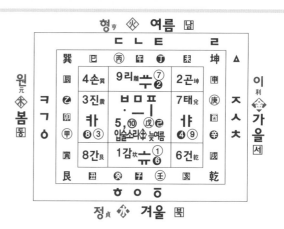

훈민정음 제자해 制字解

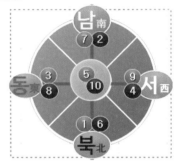

訣曰	결왈	제자해 요점을 말하자면
天地之化本一氣	천지지화본일기	천지 조화는 본래 하나의 기운이니,
陰陽五行相始終	음양오행상시종	음양 5행으로 서로 시작하고 끝나며,
物於兩間有形聲	물어양간유형성	음양 둘 사이 만물에는 형체와 소리가 있는데
元本無二理數通	원본무이리수통	원래 근본이 둘이 아니니 이치를 나타내는 하도수로 통한다.
正音制字尙其象	정음제자상기상	정음 글자 만듦에 그 모양 중요시 하고
因聲之厲每加畫	인성지려매가획	말소리가 거세질 때마다 획을 더한다. 자질문자
音出牙舌脣齒喉	음출아설순치후	말소리는 어금니 · 혀 · 입술 · 이 · 목구멍에서 나니
是爲初聲字十七	시위초성자십칠	이것이 초성 17자다.
牙取舌根閉喉形	아취설근폐후형	어금닛 소리는 혀 뿌리가 목구멍을 막는 모습이고,
唯業似欲取義別	유업사욕취의별	오직 업ㆁ는 욕ㅇ와 비슷하나 뜻을 취함이 다르다.
舌迺象舌附上腭	설내상설부상악	혓소리는 이어서 혀가 윗 잇몸에 붙는 모양이고,
脣則實是取口形	순즉실시취구형	입술 소리는 바로 입 모양을 그대로 취하며,

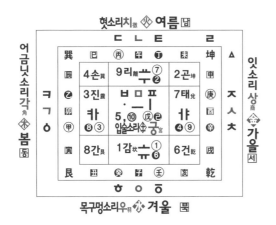

齒喉直取齒喉象	치후직취치후상	잇소리, 목구멍 소리는 바로 이와 목구멍 모양을 취했으니,
知斯五義聲自明	지사오의성자명	이 다섯 가지 뜻만 알면 말소리에 저절로 환하리라.
又有半舌半齒音	우유반설반치음	또 반 혓소리와 반 잇소리도 있으니
取象同而體則異	취상동이체즉이	모양 취함은 같으나 몸체는 다르다.
那彌戌欲聲不厲	나미술욕성불려	ㄴ, ㅁ, ㅅ, ㅇ는 소리가 거세지 않아
次序雖後象形始	차서수후상형시	배치상 차례는 비록 뒤이나 글자 상형의 시초다.
配諸四時與冲氣	배제사시여충기	4계절과 천지 만물의 조화로운 기운에 짝하여
五行五音無不協	오행오음무불협	5행과 5음에 못 어울림이 없다.
維喉為水冬與羽	유후위수동여우	목구멍 소리는 5행 水인 바, 겨울이요, 羽음이며,
牙迺春木其音角	아내춘목기음각	어금닛 소리는 봄이고 5행 木이며 그 음은 角이고,
徵音夏火是舌聲	치음하와시설성	徵音은 여름, 5행 火니 바로 혓소리이며,
齒則商秋又是金	치중상추우시금	잇소리는 5음 商이고, 가을이니 또 바로 5행 金이고,
脣扵位數本無定	순어위수본무정	입술소리는 위치와 하도수에 본디 정함이 없으나
土而季夏為宮音	토이계하위궁음	5행으로 늦여름에 土 5음 宮음이다.

훈민졍흠
제자해
制字解

구분	어금닛소리 [牙音]	혓소리 [舌音]	입술소리 [脣音]	잇소리 [齒音]	목구멍소리 [喉音]	반혓소리 [半舌音]	반잇소리 [半齒音]
5행	木	火	土	金	水	火	金
전청	ㄱ君	ㄷ斗	ㅂ彆	ㅈ卽 ㅅ戌	ㆆ挹		
차청	ㅋ快	ㅌ呑	ㅍ漂	ㅊ侵	ㅎ虛		
전탁	ㄲ虯	ㄸ覃	ㅃ步	ㅉ慈 ㅆ邪	ㆅ洪		
불청불탁	ㆁ業	ㄴ那	ㅁ彌		ㅇ欲	ㄹ閭	ㅿ穰

聲音又自有淸濁　성음우자유청탁　말소리는 또 절로 맑은 소리 탁한 소리가 있으니,

要扵初發細推尋　요어초발세추심　초성 발음에서 자세히 살피는 것이 중요하다.

全淸聲是君斗彆　전청성시군두별　전청음은 ㄱ, ㄷ, ㅂ요

卽戌挹亦全淸聲　즉술읍역전청성　ㅈ, ㅅ, ㆆ 또한 전청음이다.

若迺快吞漂侵虛　약내쾌탄표침허　ㅋ, ㅌ, ㅍ, ㅊ, ㅎ같은 것들은

五音各一爲次淸　오음각일위차청　5음 중에 각 한 개씩이 차청음으로 된 것이며

全濁之聲虯覃步　전탁지성규담보　전탁 소리엔 ㄲ, ㄸ, ㅃ에

又有慈邪亦有洪　우유자사역유홍　또 ㅉ, ㅆ가 있고, 또 ㆅ라.

全淸並書爲全濁　전청병서위전탁　전청음을 나란히 쓰면 전탁음이 되나

唯洪自虛是不同　유홍자허시부동　오직 ㆅ만 ㅎ에서 나와 이와 다르다.

業那彌欲及閭穰　업미나욕급여양　ㆁ, ㄴ, ㅁ, ㅇ 및 ㄹ, ㅿ는

其聲不淸又不濁　기성불청우불탁　그 소리가 불청음이고 또 불탁음이다 .

欲之連書爲脣輕　욕지연서위순경　ㅇ를 이어 쓰면 입술 가벼운 소리가 되어　ㅸ ㅹ ㅱ ㆄ

喉聲多而脣乍合　후성다이순사합　목구멍 소리가 많고 입술을 잠깐만 합한다.

훈민졍즘
제자해
制字解

聲音又自有淸濁
要扵初發細推尋
全淸聲是君斗彆
即戌挹亦全淸聲
若迺快吞漂侵虛
五音各一為次淸
全濁之聲虯覃步
又有慈邪亦有洪
全淸並書為全濁
唯洪自虛是不同
業那彌欲及閭穰
其聲不淸又不濁
欲之連書為脣輕
喉聲多而脣乍合
五音對
中聲十一亦取象
精義未可容易觀
吞擬扵天聲最深
所以圓形如彈丸
即聲不深又不淺
其形之平象乎地
侵象人立厥聲淺
三才之道斯爲備
洪出扵天尙爲闔
象取天圓合地平
覃亦出天爲已闢
發扵事物就人成
用初生義一其圓
出天爲陽在上外
欲穰兼人爲再出
二圓爲形見其義
君業戌彆出扵地
據例自知何湏評

中聲十一亦取象	중성십일역취상	중성 11자도 역시 모양을 본떴으나,
精義未可容易觀	정의미가용이관	세밀한 뜻은 쉽게 볼 수 없으리라.
吞擬扵天聲最深	탄의어천성최심	ㆍ는 하늘을 비유하고 소리가 가장 깊으며
所以圓形如彈丸	소이원형여탄환	모양이 둥근 꼴인 바 꼭 탄환 같이 생겼다.
即聲不深又不淺	즉성불심우불천	ㅡ 소리는 깊지도 또 얕지도 않으며
其形之平象乎地	기형지평상호지	그 모양의 평평함은 땅을 본떴음이라.
侵象人立厥聲淺	침상인립궐성천	ㅣ는 사람이 서있는 모양으로 그 소리는 얕으니
三才之道斯爲備	삼재지도사위비	천지인 3재의 도가 이같이 갖춰졌다.

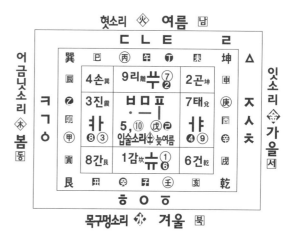

洪出於天尙爲闔　홍출어천상위합　ㅗ는 하늘[ㆍ]에서 나왔으면서도 오히려 닫히니,

象取天圓合地平　상취천원합지평　하늘의 둥굶에 땅의 평평함이 합친 것을 본뜨고

覃亦出天爲已闢　담역출천위이벽　ㅏ 또한 하늘[ㆍ]에서 나와 이미 열려있으니,

發於事物就人成　발어사물취인성　사물에 드러나되 사람[ㅣ]이 이룸이다.

用初生義一其圓　용초생의일기원　처음 생겼다는 뜻으로 원점이 한 개이며,

出天爲陽在上外　출천위양재상외　하늘에서 나와 양이 되어 위와 밖에 놓인다.

欲穰兼人爲再出　욕양겸인위재출　ㅛ와 ㅑ는 사람[ㅣ]을 겸해 다시 나오니

二圓爲形見其義　이원위형현기의　두 원점 모양이 그 뜻을 나타낸다.

君業戌瞥出於地　군업술별출어지　ㅜ, ㅓ, ㅠ, ㅕ가 땅[ㅡ]에서 나옴도

據例自知何湏評　거례자지하회평　예를 든 것으로 저절로 알 터인데 굳이 뭐 하러 말하나?

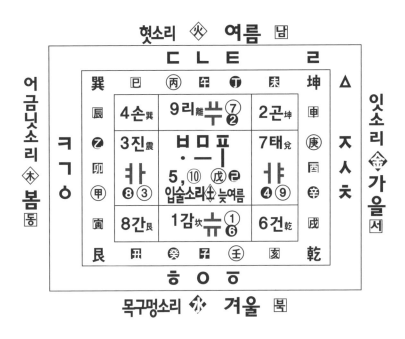

吞之爲字貫八聲 탄지위자관팔성 · 가 여덟 글자 소리를 꿰고 글자를 이루는 것은

維天之用徧流行 유천지용편유행 하늘[·]의 작용이 골고루 흘러 가는 바다.

四聲兼人亦有由 사성겸인역유유 4성[ㅛ ㅑ ㅠ ㅕ]이 사람을 겸함도 이유가 있으니,

人參天地爲最靈 인참천지위최령 사람[ㅣ]이 세상에서 가장 영적인 존재이기 때문이다.

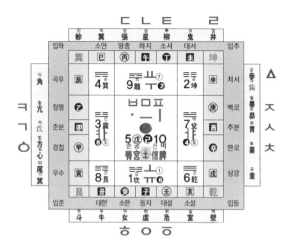

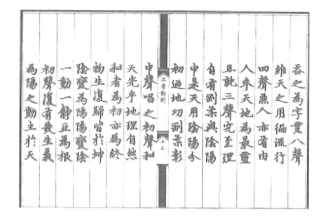

且就三聲究至理	차취삼성구지리	또 초·중·종성의 지극한 이치를 살피면,
自有剛柔與陰陽	자유강유여음양	[지상의]강유와 [하늘의]음양이 자연스러우니,
中是天用陰陽分	중시천용음양분	중성은 하늘의 작용이라 음양으로 나뉘고
初迺地功剛柔彰	초내지공강유창	초성은 지상 인간의 공력이라 강유로 드러난다.
中聲唱之初聲和	중성창지초성화	중성이 부르면 초성이 화답함은,
天先乎地理自然	천선호지리자연	하늘[중성음]이 땅[초성음]에 앞섬은 자연의 이치다.
和者爲初亦爲終	화자위초역위종	초성이 화답하는데 종성 또한 화답하니,
物生復歸皆扵坤	물생복귀개어곤	만물이 태어났다가 다시 땅으로 모두 돌아감과 같다.

吞之爲字貫八聲
維天之用徧流行
四聲兼人亦有由
人參天地爲最靈
且就三聲究至理
自有剛柔與陰陽
中是天用陰陽分
初迺地功剛柔彰
中聲唱之初聲和
天先乎地理自然
和者爲初亦爲終
物生復歸皆於坤
陰變爲陽陽變陰
一動一靜互爲根
初聲復有發生義
爲陽之動主於天
終聲比地陰之靜
字音於此止定焉
韻成要在中聲用
人能輔相天地宜

陽之爲用通於陰
至而伸則反而歸
初終雖云分兩儀
終用初聲義可知
正音之字只廿八
探賾錯綜窮深幾
指遠言近牖民易
天授何曾智巧爲
初聲解
正音初聲即韻書之字母也聲音
由此而生故曰母如牙音君字初
聲是ㄱ，ㄱ與ㅡ而爲군，快字初聲

一動一靜互爲根 일동일정호위근　한 번 움직이고 한번 멈추는 것이 서로 그 뿌리가 됨이라.

初聲復有發生義 초성부유발생의　초성엔 다시 발동의 뜻이 있으니

爲陽之動主於天 위양지동주어천　양의 움직임은 하늘이 주재함이요.

終聲比地陰之靜 종성비지음지정　종성은 땅에 비유해 음의 조용함이니

字音於此止定焉 자음어차지정언　글자 음이 이에서 그치어 정해진다.

韻聲要在中聲用 운성요재중성용　글자 운을 이루는 요체는 중성이 작용함에 있으니

人能輔相天地宜 인능보상천지의　사람만이 능히 천지의 마땅함을 돕기 때문이다.

훈민졍흠 제자해 制字解

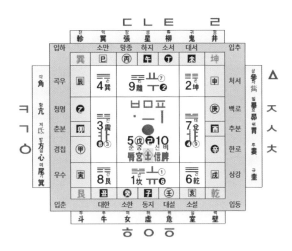

陽之為用通於陰	양지위용통어음	양의 작용이 음에도 통하니
至而伸則反而歸	지이신즉반이귀	끝까지 펼쳐지면 다시 돌아간다.
初終雖云分兩儀	초종수운분양의	초성[양]과 종성[음]이 비록 음양으로 달리 분류될지라도
終用初聲義可知	종용초성의가지	종성에 쓰이는 초성의 뜻은 알 수 있다.
正音之字只卄八	정음지자지입팔	정음 글자 단지 28자이나
探賾錯綜窮深幾	탐색착종궁심기	오묘하게 얽힌 심오한 낌새를 끝까지 탐구했음이다.
指遠言近牗民易	지원언근용민이	가르치고자 하는 뜻은 깊으나,
		말이 담을 마주한 듯 한 백성도 쉽게 가까이 할 수 있으니
天授何曾智巧為	천수하증지교위	하늘이 주심이지, 어찌 기존의 지혜나 기교로 만들었을까?

종즉유시終則有始 水火旣濟 전도 火水未濟

63. 수화 기제 ䷾ [완성]
64. 화수 미제 ䷿ [미완성]
마지막 괘를 미완성으로 하면서
계속 변화함을 암시

알아야 면장[免墻]을
하지 ?

훈민졍흠 초성해 初聲解

정음의 초성은 곧 한자음 운서[사전]의 한 음절의
첫소리[聲母]다. 성음은 이로부터 비롯되므로
이르기를 모母라 한 것이다.

正音初聲。即 韻書之字母也。聲音由此而生。故曰母。

정음초성。즉운서지자모야。성음유차이생。고왈모。

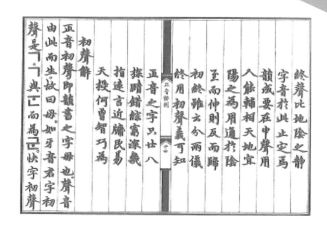

운서에서는 초성을 성모[聲母]라 하고,　　－ 군 [ㄱ]

중성•종성을 운모[韻母]라 한다.　　　　　－ 군 [ㅜ] 한시漢詩의 운韻을 생각

중국 운서[31, 35 자모]를 정리한

우리의 동국정운[東國正韻]자모는 23자로

훈민정음 초성[ㄱ,ㅋ,ㄲ,ㆁ/ㄴ,ㄷ,ㅌ,ㄸ/ㅁ,ㅂ,ㅍ,ㅃ

　　　　/ㅈ,ㅊ,ㅉ,ㅅ,ㅆ/ㅇ,ㅎ,ㆅ,ㆆ/ㄹ,ㅿ] 23 자와 같다.

어금닛소리의 군자 초성은 ㄱ인데, ㄱ가 ㅜㄴ과 합하여 군이 되고,

쾌자 초성은 ㅋ이니, ㅋ와 ㅙ가 합하여 쾌가 되고,

如牙音君字初聲是ㄱ。與ㄱㅜㄴ而爲군,快字初聲是ㅋ。ㅋ與ㅙ而爲 : 쾌。

여아음군자초성시ㄱ。여ㄱㅜㄴ이위군。쾌자초성시ㅋ。 ㅋ여ㅙ이위:쾌。

뀨자 초성은 ㄲ이니, ㄲ와 ㅠ가 합하여 뀨가 되고,

업자 초성은 ㆁ인데 ㆁ가 ㅓㅂ과 합하여 업이 되는 따위다.

虯字初聲是ㄲ。 ㄲ與ㅠ而爲뀨。業字初聲是ㆁ。 ㆁ與ㅓㅂ而爲업之類。

규자초성시ㄲ。ㄲ여ㅠ이위뀨。업자초성시ㆁ。ㆁ여ㅓㅂ이위업지류。

혓소리의 둗[ㄷ], 톤[ㅌ], 땀[ㄸ], 낭[ㄴ], 입술 소리의 볋[ㅂ], 푤[ㅍ], 뽕[ㅃ], 밍[ㅁ],

잇소리의 즉[ㅈ], 침[ㅊ], 쫑[ㅉ], 숧[ㅅ], 썅[ㅆ], 목구멍 소리의 흡[ㆆ], 헝[ㅎ], 뽕[ㆅ],

욕[ㅇ], 반혓소리 · 반잇소리의 령[ㄹ], 샹[ㅿ]도 모두 이를 따른다.

舌之斗吞覃那。脣之彆漂步彌。齒之即侵慈戌邪。喉之挹虛洪欲。半舌半齒之閭穰。皆倣此。

설지두탄담나。순지별표보미。치지즉침자술사。후지읍허홍욕。반설반치지려양。개방차。

훈민졍음
초성해
初聲解

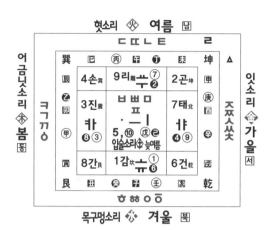

訣曰	결왈	초성해 요점을 말하자면
君快虯業其聲牙	군쾌규업기성아	ㄱ, ㅋ, ㄲ, ㆁ 그 소리는 어금닛소리이고
舌聲斗呑及覃那	설성두탄급담나	혓소리는 ㄷ, ㅌ 및 ㄸ, ㄴ이며
彆漂步彌則是脣	별표보미즉시순	ㅂ, ㅍ, ㅃ, ㅁ인즉 이것들은 입술 소리이고
齒有即侵慈戌邪	치유즉침자술사	잇소리는 ㅈ, ㅊ, ㅉ, ㅅ, ㅆ이며
挹虛洪欲迺喉聲	읍허홍욕내후성	ㆆ, ㅎ, ㆅ, ㅇ는 곧 목구멍 소리이고
閭為半舌穰半齒	려위반설양반치	ㄹ는 반설음이며, ㅿ는 반치음이다.
二十三字是為母	이십삼자시위모	23자 이것이 글자의 성모聲母되니
萬聲生生皆自此	만성생생개자차	온갖 소리 낼 때는 이로부터 난다.

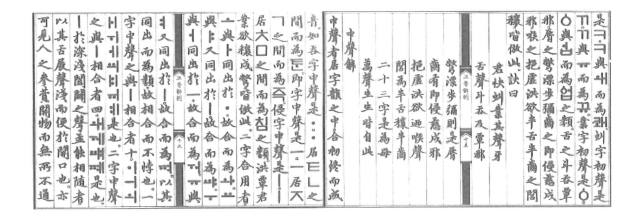

중성은, 자운[글자소리]의 가운데에 있으니 초성과 종성을 합하여 음을 이룬다.

中聲者。居字韻之中。合初終而成音。

중성자。거자운지중。합초종이성음。

가령 툰자의 중성은 · 인데, · 가 ㅌ와 ㄴ사이에 있어 툰이 되고,

如呑字中聲是··。·居ㅌㄴ之間而為툰。

여탄자중성시··。·거ㅌㄴ지간이위툰。

즉자의 중성은 곧 ㅡ인데, ㅡ는 ㅈ, ㄱ 사이에 놓여 즉이 되며,

即字中聲是ㅡ。ㅡ居ㅈㄱ之間而為즉。

즉자중성시ㅡ。ㅡ거ㅈㄱ지간이위즉。

침자의 중성은 곧 ㅣ인데, ㅣ는 ㅊ, ㅁ 사이에 놓여 침이 되는 따위와 같다.

侵字中聲是ㅣ。ㅣ居ㅊㅁ之間而為침之類。

침자중성시ㅣ。ㅣ거ㅊㅁ지간이위침지류。

뽕[ㅗ], 땀[ㅏ], 군[ㅜ], 업[ㅓ], 욕[ㅛ], 샹[ㅑ], 슗[ㅠ], 볋[ㅕ]도 모두 이를 따른다.

洪覃君業欲穰戌彆。皆倣此。

홍담군업욕양술별。개방차。

두 글자를 합하여 쓴 것은, ㅗ와 ㅏ는 함께 ·에서 나왔으므로 합하여 ㅘ가 되고,

二字合用者。ㅗ與ㅏ同出於·。故合而爲ㅘ。

이자합용자。ㅗ여ㅏ동출어·고합이위ㅘ。

ㅛ와 ㅑ는 또 함께 ㅣ에서 나왔으므로 합하여 ㆇ가 되고,

ㅜ와 ㅓ는 함께 ㅡ에서 나왔으므로 합하여 ㅝ가 되고,

ㅛ與ㅑ又同出於ㅣ。故合而爲ㆇ。ㅜ與ㅓ同出於ㅡ。故合而爲ㅝ。

ㅛ여ㅑ우동출어ㅣ고합이위ㆇ。ㅜ여ㅓ동출어ㅡ고합이위ㅝ。

ㆌ와 ㅕ는 또 함께 ㅣ에서 나왔으므로 합하여 ㆈ가 된다.

그것은 같은 이치로 나와 무리를 이루므로 서로 합하여도 어긋나지 않는다.

ㆌ與ㅕ又同出於ㅣ。故合而爲ㆈ。以其同出而爲類。故相合而不悖也。

ㆌ여ㅕ우동출어ㅣ고합이위ㆈ。이기동출이위류。고상합이불패야。

한 글자로 된 중성이 ㅣ와 서로 어울린 것이 열이니 ㅓ ㅢ ㅚ ㅐ ㅟ ㅔ ㅚ ㅒ ㅠ ㅖ가 이것이요,

一字中聲之與ㅣ相合者十。ㅓㅢㅚㅐㅟㅔㅚㅒㅠㅖ是也。

일자중성지여ㅣ상합자십。ㅓㅢㅚㅐㅟㅔㅚㅒㅠㅖ시야。

두 글자로 된 중성이 ㅣ와 서로 어울린 것은 넷이니 ㅙ ㅞ ㅙ ㅖ가 이것이다.

二字中聲之與ㅣ相合者四。ㅙㅞㅙㅖ是也。

이자중성지여ㅣ상합자사。ㅙㅞㅙㅖ시야。

ㅣ가 깊고, 얕고, 닫히고, 열리는 소리에 두루 서로 따를 수 있는 것은,

ㅣ소리는 혀가 펴지고 소리가 얕아서 입을 여는데 편하기 때문이다.

ㅣ於深淺闔闢之聲。並能相隨者。以其舌展聲淺而便於開口也。

ㅣ어심천합벽지성。병능상수자。이기설전성천이편어개구야。

역시 사람[ㅣ]이 만물을 여는데 참여하고 도와서 통하지 않는 바가 없음을 볼 수 있다.

亦可見人之參賛開物而無所不通也。

역가견인참찬개물이무소불통야。

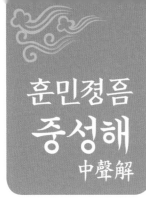

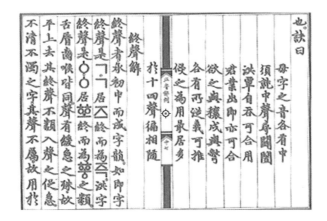

訣曰	결왈	중성해 요점을 말하자면
母字之音各有中	모자지음각유중	중성[韻母]의 음[韻]이 각각의 중성에 있으니
須就中聲尋闢闔	수취중성심벽합	모름지기 중성의 여·닫힘을 살피라.
洪覃自吞可合用	홍담자탄가합용	ㅗ, ㅏ는 ·로 시작해 합용할 수 있고
君業出即亦可合	군업출즉역가합	ㅜ, ㅓ는 ㅡ로 시작해 합용할 수 있으며
欲之與穰戌與彆	욕지여양술여별	ㅛ에 ㅑ, ㅠ와 ㅕ는
各有所從義可推	각유소종의가추	제각기 쫓는 바 있으니 뜻을 미뤄 알리라 [ㅣ]
侵之爲用最居多	침지위용최거다	ㅣ의 쓰임이 가장 많은데
於十四聲徧相隨	어십사성편상수	14 소리[ㅓ, ㅢ, ㅚ, ㅐ, ㅟ, ㅔ, ㆉ, ㅒ, ㆌ, ㅖ, ㅙ, ㅞ, ㅙ, ㅖ]에 두루 맞춰 따른다.

훈민졍흠 종성해
終聲解

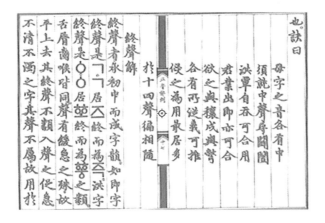

종성이란 것은 초성과 중성을 이어받아 자운[글자 소리]을 이룬다.

終聲者。承初中而成字韻。

종성자。승초중이성자운。

가령 즉자 종성은 바로 ㄱ인데, ㄱ는 즈 끝에 놓여 즉이 되는 것과 같다.

如即字終聲是ㄱ。ㄱ居즈終而為즉。

여즉자종성시ㄱ。ㄱ거즈종이위즉。

뽕자의 종성은 ㆁ인데, ㆁ는 ꙥ호의 끝에 놓여 뽕이 되는 따위와 같다.

洪字終聲是ㆁ。ㆁ居ꙥ호終而為뽕之類。

홍자종성시ㆁ。ㆁ거ꙥ호종이위뽕지류。

혓소리(설음), 입술소리(순음), 잇소리(치음), 목구멍소리(후음)도 다 같다.

舌脣齒喉皆同。

설순치후개동。

소리의 느리고 빠르기의 다름이 있어, 평·상·거성은 그 종성이 입성의 빠름과 같지 않다.

聲有緩急之殊。故平上去其終聲不類入聲之促急。

성유완급지수。고평상거기종성불류입성지촉급。

훈민정음
종성해
終聲解

불청불탁의 자는 그 소리가 거세지 않으므로 , 종성으로 쓰면 평성 상성 거성에 맞으며,

전청 차청 전탁의 자는 그 소리가 거세므로 , 종성으로 쓴 즉 입성에 알맞다.

不清不濁之字。其聲不厲。故用於終則宜於平上去。全清次清全濁之字。其聲為厲。故用於終則宜於入。

불청불탁지자。기성불려。고용어종즉의어평상거。전청차청전탁지자。기성위려。고용어종즉의어입。

그래서 ㆁㄴㅁㅇㄹㅿ 여섯 자는 평성 · 상성 · 거성의 종성이 되고 , 나머지는 다 입성의 종성이 된다.

所以ㆁㄴㅁㅇㄹㅿ六字為平上去聲之終。而餘皆為入聲之終也。

소이ㆁㄴㅁㅇㄹㅿ육자위평상거성지종。이여개위입성지종야。

예의例義의 종성부용초성終聲復用初聲 설명

원래 성조[聲調]란 음절 전체의 고저[高低]인데, 중국에서는 k[ㄱ] p[ㅂ] t[ㄷ] 종성자를 입성이라 했으므로, 해례 편찬자들도 종성 만으로써 평·상·거성과 입성과를 구별하고 있다. 곧 불청불탁의 'ㆁㄴㅁㅇㄹㅿ' 종성은 평·상·거성에 맞으며, 전청의 'ㄱㄷㅂ ㅈㅅㆆ' 차청의 'ㅋㅌㅍㅊㅎ' 전탁의 'ㄲㄸㅃㅉㅆㆅ'을 종성에 쓰면 입성에 알맞다고 하였다 . 그러므로 23 초성은 다 종성으로 쓸 수 있다. [출전: 1975 서병국 著 신강 훈민정음 P40]

그러나 ㄱㆁㄷㄴㅂㅁㅅㄹ의 여덟 자만으로 쓸 수 있다.

然ㄱㆁㄷㄴㅂㅁㅅㄹ八字可足用也。

연ㄱㆁㄷㄴㅂㅁㅅㄹ팔자가족용야。

> 팔종성가족용법八終聲可足用法 – 종성부용초성終聲復用初聲 이
> 원칙이나 'ㄱㆁㄷㄴㅂㅁㅅㄹ' 8자로 제한한 것은 일종의 생략 편
> 법이라 하겠다. [출전: 1975 서병국 著 신강 훈민정음 P40]

가령 빗곶은 이화[梨花]가 되고, 엿의 갗은 호피[여우가죽, 狐
皮]이나, ㅈ, ㅊ 구분 없이 ㅅ자로써 가히 통할 수 있으므로 오직
ㅅ자를 씀과 같다.

如빗곶為梨花。영의갗為狐皮。而ㅅ字可以通用。故只用ㅅ字。

여빗곶위리화。영의갗위호피。이ㅅ자가이통용。고지용ㅅ자。

> 팔종성가족용으로 족한 이유를 예시한 것이다. 국어의 자음은
> 초성에서 구별되나, 종성에서는 중화작용[中和作用]으로 구별
> 되지 않는 경우가 있다. 따라서 '빗곶, 갗'의 'ㅅ, ㅈ, ㅊ'은 종성으
> 로서는 중화되어 t[ㄷ]와 같게 되므로 'ㅅ'자 하나로 통할 수 있다
> 는 것이다. [출전: 1975 서병국 著 신강 훈민정음 P40]

또 ㅇ는 소리가 맑고 비어서 종성으로는 불필요 해 중성만으로
가히 음을 이룰 수 있다.

且ㅇ聲淡而虛。不必用扵終。而中聲可得成音也。

차ㅇ성담이허。불필용어종。이중성가득성음야。

> 한자음은 초·중·종 3성으로 성음成音이 되는데, 초·중 2성으
> 로 성음이 된다.
> ⇒ 앞에서 언급함. 셰종엉졩훈민정음世宗御製訓民正音
>   [발음]세종어제훈민정음

ㄷ는 볃[彆]이 되고, ㄴ는 군[君]이 되고, ㅂ는 업[業]이 되고, ㅁ는 땀[覃]이 되고, ㅅ는 우리말 ·옷[衣]이고, ㄹ는 우리말 :실[絲]이 됨과 같은 따위다.

ㄷ如볃為彆 ◦ ㄴ如군為君◦ ㅂ如업為業◦ ㅁ如땀為覃◦ ㅅ如諺語 ·옷為衣◦ㄹ如諺語 :실為絲之類。

ㄷ여볃위별 ◦ ㄴ여군위군◦ ㅂ여업위업◦ ㅁ여땀위담◦ ㅅ여언어· 옷위의◦ㄹ여언어 :실위사지류。

> 8 종성 중에서도 'ㅅ, ㄹ'은 국어에만 쓰이고, 한자음에는 쓰이지 않으며, 6자[ㄱㆁㄷㄴㅂㅁ]만이 통용이 된다는 말이다. 현재 한자음도 6자[ㄱㆁㄷㄴㅂㅁ]만 쓰이는데 다만 'ㄷ종성'이 'ㄹ종성'으로 바뀐 것 뿐이다. [출전: 1975 서병국 著 신강 훈민정음 P40]

5음의 느림과 빠름이이 또한 각각 절로 대[對]가 되니, 가령 어금닛소리의 ㆁ와 ㄱ는 대가 되어 ㆁ를 빠르게[되게] 발음하면 곧 변하여 ㄱ가 되면서 급하고 ㄱ를 느리게 내면 곧 변하여 ㆁ가 되어 느리다.

五音之緩急◦亦各自為對如牙之ㆁ與ㄱ為對◦而ㆁ促呼則變為ㄱ而急◦ㄱ舒出則變為ㆁ而緩。

오음지완급◦역각자위대여아지ㆁ여ㄱ위대◦이ㆁ촉호즉변위ㄱ이급◦ㄱ서출즉변위ㆁ이완。

혓소리의 ㄴ, ㄷ 입술 소리의 ㅁ, ㅂ 잇소리의 ㅿ, ㅅ 목구멍 소리의 ㅇ, ㆆ도 그 느림과 빠름이 서로 대對가 됨이 또한 이와 같다.

舌之ㄴㄷ◦脣之ㅁㅂ◦齒之ㅿㅅ◦喉之ㅇㆆ◦其緩急相對◦亦猶是也。설지ㄴㄷ◦순지ㅁㅂ◦치지ㅿㅅ◦후지ㅇㆆ◦기완급상대◦역유시야。

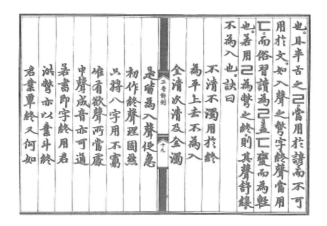

또한 반혓소리의 ㄹ는 마땅히 우리말에나 쓸 것이요, 한자어 종성에는 쓸 수 없다. 가령 입성의 볋[彆]자도 종성에 마땅히 ㄷ를 써야 할 것이나 속습俗習에 ㄹ로 읽으니, 대개 ㄷ가 변해 가볍게된 것이다. 만약 ㄹ를 볋자 종성으로 쓰면 곧 그 소리가 느려 입성이 되지 않는다.

且半舌之ㄹ。當用於諺。而不可用於文。如入聲之彆字。終聲當用ㄷ。而俗習讀為ㄹ。盖ㄷ變而為輕也。若用ㄹ為彆之終。則其聲舒緩。不為入也。

차반설지ㄹ。당용어언。이불가용어문。여입성지별자。종성당용ㄷ。이속습독위ㄹ。개ㄷ변이위경야。약용ㄹ위별지종。즉기성서완。불위입야。

운서 음가와 반포 당시 우리 음가와의 차이에서 오는 고민

반포 당시 한자음 'ㄹ'종성이 운서에 입성으로 되어 있으니, 이는 운서에서 벗어나고, 그렇다고 'ㄷ종성'[입성]을 쓰면 그 당시 음가와 괴리 [乖離]되나, 'ㄹ'는 'ㄷ'가 속변[俗變]한 것이므로 마땅히 'ㄷ'로 바로 잡아야 한다고 단정하고 있다. 한자음 'ㄹ종성'은 고대엔 'ㄷ'였는데, 중국도 남방[南方]을 제외하곤 거의 'ㆁ'로 바뀌었고, 국어는 예외 없이 'ㄹ'로 변하였다.

그런데 운서대로 'ㄷ입성'으로 처리하기로 했으나, 현실을 무시할 수 없어, 世宗 29년 편찬된 동국정운[東國正韻]에서는 소위 '이영보래 [以影補來]' 식 표기법을 택해 한자음 'ㄷ입성' 표기를 'ㅭ'로 하였다. 이것은 현실음 'ㄹ'와 운서의 'ㄷ'를 절충한 인위적인 한자음 종성이다. 'ㅭ'의 'ㄹ'는 현실음을, 'ㆆ'는 후두긴장[喉頭緊張]을 수반하는 성문폐쇄음[聲門閉鎖音]이므로 'ㄷ'음에 가깝다고 생각하여 이런 절충음을 사용한 것이라 하겠다. 신숙주申叔舟의 동국정운서[東國正韻序]에 '以於質[질]勿[몯]諸韻以影補來 因俗歸正'이라 한 것은 이 사정을 말하는 대목이다. 그러나 이 방식으로 7,80 년 후인 최세진崔世珍에 이르러서는 완전히 없어지고 말았으니, 'ㄷ종성' 'ㅭ종성'이 다 당시 음가가 아님을 알 수 있다 . 이영보래[以影補來]란 영모[影母] 'ㆆ'로써 래모[來母]'ㄹ'를 보하여 'ㅭ'가 되었다는 뜻인데, 影·來母는 중국운서의 자음이요, 동국정운의 자모[字母]로는 挹[흡] 閭[려]가 되니, 동국정운이 당시의 조선 한자음 표준 운서인 만큼 '이읍보려[以挹補閭]'라 해야 마땅하다. [출전 1975. 徐炳國 著 新講 訓民正音 p41]

이형보래[以影⟨ㆆ⟩補來⟨ㄹ⟩] : 중세 조선에서 중국 한자의 – t[ㄷ]계 입성 운미가 한국에서 – l[ㄹ]로 변화하자, 그것을 바로잡기 위해 'ㄹ' 다음 'ㆆ'를 표기. 훈민정음 해례본에는 등장하지 않으나, 동국정운에는 나타난다. [예 : 볃[彆] → 별 → 볋

훈민졍흠 종성해 終聲解

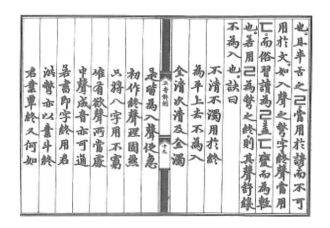

訣曰	결왈	종성해 요점을 말하자면
不淸不濁用扵終	불청불탁용어종	불청불탁을 종성에 쓰면
爲平上去不爲入	위평상거불위입	평 · 상 · 거성은 되는데, 입성은 안되며
全淸次淸及全濁	전청차청급전탁	전청 · 차청과 전탁은
是皆爲入聲促急	시개위입성촉급	이는 모두 입성이 되어 촉급하다.
初作終聲理固然	초작종성리고연	초성으로 종성을 만드는 이치는 꼭 그러하지만
只將八字用不窮	지장팔자용불궁	다만 8자[ㄱㆁㄷㄴㅂㅁㅅㄹ]만 써도 궁하지 않다.
唯有欲聲所當處	유유욕성소당처	[한자어]오직 ㅇ소리가 해당되는 곳에는
中聲成音亦可通	중성성음역가통	중성으로 음을 이뤄 통할 수 있다.
若書即字終用君	약서즉자종용군	즉자를 쓰려면 종성에 ㄱ를 쓰면 되고
洪彆亦以業斗終	홍별역이업두종	뽕볃 또한 ㆁ, ㄷ를 종성으로 쓴다.
君業覃終又何如	군업담종우하여	군, 업, 땀의 종성은 또 어떠할까?

> 표기 世솅, 御엉
> 발음 세, 어

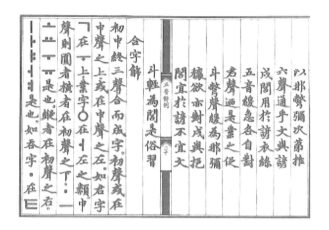

以那彆彌次第推	이나별미차제추	이로써 ㄴ, ㅂ, ㅁ를 차례로 알 수 있으리.
六聲通乎文與諺	육성통호문여언	6자 [ㄱㆁㄷㄴㅂㅁ]소리는 한자와 우리말에 통한다.
戌閭用扵諺衣絲	술려용어언의사	ㅅ, ㄹ는 우리말 옷과 실에 쓴다.
五音緩急各自對	오음완급각자대	5음의 완급이 저절로 대가 되니,
君聲迺是業之促	군성내시업지촉	ㄱ소리는 이에 바로 ㆁ의 빠름이요,
斗彆聲緩為那彌	두별성완위나미	ㄷ, ㅂ소리는 ㄴ, ㅁ의 느림이라.
穰欲亦對戌與挹	양욕역대술여읍	ㅿ, ㅇ소리 역시 ㅅ, ㆆ의 대가 되며,
閭宜扵諺不宜文	려의어언불의문	ㄹ소리는 우리말에는 마땅하나 한자어에는 안 맞는다.
斗輕為閭是俗習	두경위려시속습	ㄷ소리가 가볍게 ㄹ소리 되니 지금 세상 관습이다.

초 · 중 · 종성 세 소리가 합하여 글자를 이룬다.

初中終三聲。合而成字。 초중종삼성 。합이성자。

초성은 혹은 중성 위에 있고, 혹은 중성 왼쪽에 있다.

初聲或在中聲之上。或在中聲之左。 초성혹재중성지상。혹재중성지좌。

가령 군[君]자의 ㄱ는 ㅜ자의 위에 있고, 업[業]자의 ㅇ는 ㅓ자의 왼쪽에 있는 따위와 같다.

如君字ㄱ在ㅜ上。業字ㆁ在ㅓ左之類。 여군자ㄱ재ㅜ상。업자ㆁ재ㅓ좌지류。

중성 즉 원점과 가로 획은 초성 아래 있으니, · ㅡ ㅗ ㅛ ㅜ ㅠ가 이것이요, 세로 획은 초성 오른쪽에 있으니, ㅣ ㅏ ㅑ ㅓ ㅕ가 이것이다.

中聲則圓者橫者在初聲之下。·ㅡㅗㅛㅜㅠ是也。縱者在初聲之右。ㅣㅏㅑㅓㅕ是也。

중성즉원자횡자재초성지하。·ㅡㅗㅛㅜㅠ시야。종자재초성지우。ㅣㅏㅑㅓㅕ시야。

툰자의 · 는 ㅌ의 아래에, 즉자의 ㅡ는 ㅈ의 아래에, 침자의 ㅣ는 ㅊ의 오른쪽에 있는 따위와 같다 .

如呑字·在ㅌ下。即字ㅡ在ㅈ下。侵字ㅣ在ㅊ右之類。 여탄자·재ㅌ하。즉자ㅡ재ㅈ하。침자ㅣ재ㅊ우지류。

종성은 초 · 중성 아래에 있다. 가령 군자의 ㄴ는 구 아래에, 업자의 ㅂ는 어 아래에 있는 따위와 같다.

終聲在初中之下。如君字ㄴ在구下。業字ㅂ在어下之類。 종성재초중지하。여군자ㄴ재구하。업자ㅂ재어하지류。

훈민졍음
합자해
合字解

		각자병서 各字並書	예의例義에 규정된 것(ㄲㄸㅃㅆㅉ)		한자음 표기
자음			합자해合字解 규정(ㆀ) 국역본國譯本 용례(ㅥ)		
	합용병서 合用並書		2 자	3 자	우리말 표기
		초성	ㅼ (ㅼ地) ㅲ (ㅲ雙)	ㅴ (ㅴ隙)	
		종성	ㄺ (흙土) ㄳ (낛釣)	ㄼ ㅵ (酉時)	
모음	합 용		ㅘ (과〈琴柱〉)	ㅙ (홰〈炬〉)	

초성의 2자 3자 합용 병서는 가령 우리말의 · 싸가 지[地]가
되고, 딱이 쌍[雙]이 되고 · 씀이 극[隙]이 되는 따위와 같다.

初聲二字三字合用並書。如諺語 · 싸為地。딱為雙。· 씀為隙之類。

초성이자삼자합용병서。여언어 · 싸위지。딱위쌍。· 씀위극지류。　합용병서

각자 병서는 가령 우리말 · 혀가 설[舌]이 되는데, · 혀가 인[引]이 되고,
괴 · 여는 내가 남을 사랑함[我愛人]이 되는데, 괴 · 여는 남이 나를 사랑함[為人愛我]이 되고,
소 · 다[為覆物]는 엎지름이 되고, 쏘 · 다[為射之]는 과녁을 쏘다 따위와 같다.

各自並書。如諺語 · · 혀為舌而 혀為引。괴 · · 여為我愛人而 괴 여為人愛我。소 · 다為覆物而 쏘 · 다為射之之類。

각자병서。여언어 · 혀위설이 · 혀위인。괴 · 여위아애인이괴 · 여위인애아。소 · 다위복물이쏘 · 다위사지지류。　각자병서

중성의 2자 3자 합용은 가령 우리말의 · 과가 금주[琴柱]가 되고, · 홰가 거[炬]가 되는 따위와 같다.

中聲二字三字合用。如諺語 · 과為琴柱。· 홰為炬之類。 중성이자삼자합용。여언어 · 과위금주。· 홰위거지류。

종성의 2자 3자 합용은 가령 우리말 흙이 토[土]가 되고, · 낛이 작[釣]이 되며, ㄼ · 뺴가 유시[酉時]가 되는 따위
와 같다.

終聲二字三字合用。如諺語흙為土。· 낛為釣。ㄼ · 뺴 為酉時之類。 종성이자삼자합용。여언어흙위토。· 낛위작。ㄼ · 뺴위유시지류。

그 합용 병서는 왼쪽으로부터 오른쪽으로 씀이 초 · 중 · 종 삼성이 다 같다.

其合用並書。自左而右。初中終三聲皆同。 기합용병서。자좌이우。초중종삼성개동。

한자와 우리말을 섞어 쓰는 데는 곧 자음字흡에 따라서 중성
이나 종성으로써 보충하는 일이 있으니,
가령 공자孔子 | 노魯ㅅ사:룸 따위와 같다.

文與諺雜用則有因字音而補以中終聲者。如孔子 | 魯ㅅ사:룸之類。

문여언잡용즉유인자음이보이중성자。여공자孔子 | 노魯ㅅ사:룸지류。

우리말의 평·상·거·입성은 활은 궁[弓]으로 그 소리는
평성이요, :돌은 석[石]으로 상성이요,
·갈은 도[刀]로 거성이요, 붇은 필[筆]이며 그 소리는 입성
인 따위와 같다.

諺語平上去入。如활為弓而其聲平。 :돌為石而其聲上。·갈為刀
而其聲去。붇為筆而其聲入之類。

언어평상거입。여활위궁이기성평。 :돌위석이기성상。·갈위도이기성거。붇위
필이기성입지류。

무릇 글자의 왼쪽에 한 점을 더하면 거성이요, 두 점을 더하면
상성이 되고, 점이 없으면 평성이 되는데, 한자의 입성은 거성
과 서로 비슷하나,

凡字之左°加一點爲去聲°二點爲上聲°無點爲平聲°而文之入聲°與去
聲相似。

범자지좌°가일점위거성°이점위상성°무점위평성°이문지입성°여거성상사。

> 14 세기 경 이후 중국 북방 음의 입성이 소실되고 대부분이 거성으
> 로 변해버린 사실을 말한다. (彆:볃→볋, 戍 : 슏 → 슗) 동국정운식
> 표기로는 以影(ㆆ)補來(ㄹ)한 데 대하여 앞에 언급하였다.
> [출전: 1975 서병국 著 신강 훈민정음 P43]

우리말의 입성은 일정함이 없어서, 혹은 평성과 비슷하니, 긷이 주[柱]가 되고, 녑이 협[脅]이 됨과 같고,
혹은 상성과 비슷하니, :낟이 곡[穀]이 되고, :깁이 증[繒]이 됨과 같으며,

諺之入聲無定° 或似平聲° 如긷爲柱° 녑爲脅。或似上聲如 :낟爲穀° :깁爲繒。

언지입성무정°혹사평성°여긷위주° 녑위협。혹사상성여 :낟위곡° :깁위증。

혹은 거성과 비슷하니, ·몯이 정[釘]이 되고, ·입이 구[口]가 됨과 같은 따위이니,
그 점을 더함은 곧 평 · 상 · 거성과 같다.

或似去聲°如·몯爲釘°·입爲口之類。其加點則與平上去同。

혹사거성°여·몯위정°·입위구지류。기가점즉여평상거동。

> 앞에서는 종성만 가지고 설명하였으나, 여기에서 당시 국어의 실태를 잘 말하고 있다 .
> ►'긷(柱)'과 '녑(脅)'은 성조[聲調]로 보아서는 평성(−)이나 받침(終聲)이 'ㄷ, ㅂ'이므로 평입성(平入聲),
> ►':낟(穀)', ':깁(繒)'은 성조로 상성(:)이나 역시 종성이 입성이므로 상입성(上入聲),
> ►'·몯(釘)', '·입(口)'은 거성이나 또한 종성이 입성이므로 거입성(去入聲)이 된다.
> ►곧 종성이 입성(ㄱㄷㅂ)이면 성조에 구애(拘礙)안 받으므로 '諺之入聲無定'이라 했다.
> [출전: 1975 서병국 著 신강 훈민정음 P43]

평성(-)은 편안하고 부드러우니, 봄이라,

만물이 피어 태평함이요,

상성(:)은 부드러우며 일어나니, 여름이라,

만물이 점점 무성함이요,

거성(·)은 일어나 씩씩하니, 가을이라,

만물이 성숙함이요,

입성 (- : ·)은 빠르고 막히니, 겨울이라, 만물이 닫히고 갈무리
됨이라.

平聲安而和。春也。萬物舒泰。上聲和而擧。夏也。萬物漸盛。去聲擧而壯。秋也。萬物成熟。入聲促而塞。冬也。萬物閉蔵。

평성안이화。춘야。만물서태。상성화이거。하야。만물점성.거성거이장。추야。만물성숙。입성촉이색。동야。만물폐장。

> 중국에서의 성조설명 용어를 인용한 것이다. 중국어는 성조어(聲調語,
> tone language)이므로 사성의 분간이 있었으리라 단정할 수 없을 것
> 같다. 그러나 방점(傍點)이 우리말의 어떠한 성조 차이를 표시한 것은 틀
> 림없는 것 같다.
> [출전: 1975 서병국 著 신강 훈민정음 P44]

초성의 ㆆ와 ㅇ는 서로 비슷하여 , 우리말에서는 통용할 수 있다 .

初聲之ㆆ與ㅇ相似。於諺可以通用也。

초성지ㆆ여ㅇ상사。어언가이통용야。

> ㆆ와 ㅇ는 비슷하여 우리말에서는 통용한다는 것은 ㆆ는 우리말 표기에
> 쓰지 않아도 족足하다는 뜻이다. 다만 한자음 표기에 있어서는
> 挹[읍], 音[음], 欲[욕], 喩[유]와 같이 분간하고 있으나, 의식적(意識的)인
> 표기에 불과한 것이었던 듯하다.
> [출전: 1975 서병국 著 신강 훈민정음 P44]

여름
상성

봄
평성

가을
거성

입성
겨울

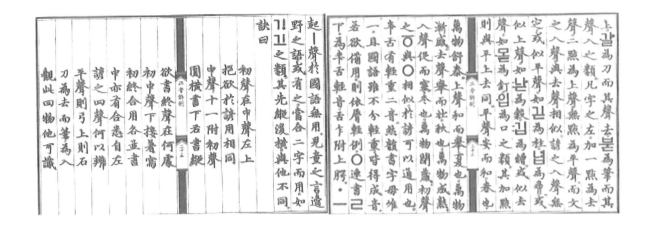

반설음에도 경중의 두 음이 있다. 그러나 운서의 성모聲母 [초성]는 오직 하나요,
또 우리말에서는 비록 높낮이를 나누지 않더라도, 다 소리를 이룰 수 있으나, 만약 이를 갖추어 쓰려면,
곧 순경음 예에 따라, ㅇ를 ㄹ아래에 이어 쓰면 반설 가벼운 음이 되며, 혀를 잠깐 윗 잇몸에 붙인다.

半舌有輕重二音。然韻書字母唯一。且國語雖不分輕重。皆得成音。若欲備用。則依脣輕例。ㅇ連書ㄹ下。為半舌輕音。舌乍
附上腭。반설유경중이음。연운서자모유일。차국어수불분경중。개득성음。약욕비용。즉의순경례。ㅇ연서ㄹ하。위반설경음。설사부상악。

> 국어의 ㄹ[r]는 음절초(音節初)에서는 [r], 음절말(音節末)에서는 [l]과 같이 소리 나는데, ᄛ[r, 반설경음半舌輕音], ㄹ[r, 탄설음彈舌音],
> ᄙ[l, 설측음舌側音]로 구별할 수 있다. 반설경음은 실제 문헌에 사용례가 보이지 않으며, 발음 설명을 '설사부상악[舌乍附上腭]'
> 이라고 하였으나, '반설중음[半舌重音]에 대한 음가 설명은 없다. [출전: 1975 서병국 著 신강 훈민정음 P44]

· ㅡ가 ㅣ 소리에서 일어나는 것은 우리말에는 사용이 없다. 어린이 말이나 변두리 시골말에 혹 있으니,
마땅히 두 자를 합하여 쓰되, ᄀ, ᄁ 따위와 같다. 먼저 세로 그음 뒤에 가로 그음이 다른 것과 같지가 않다.

·ㅡ起ㅣ聲。於國語無用。兒童之言。邊野之語。或有之。當合二字而用。如ᄀᄁ之類。其先縱後橫。與他不同。
·ㅡ기ㅣ성。어국어무용。아동지언。변야지어。혹유지。당합이자이용。여ᄀᄁ지류。기선종후횡。여타부동。

> 모음 합용에 대하여 새 방식을 규정한 것이다 . 이제껏 규정은 자좌이우(自左而右)였는데, 대하여 자상이하(自上而下) 선종이횡(先
> 縱後橫)이므로 여타부동(與他不同)이라고 한 것이다. [출전: 1975 서병국 著 신강 훈민정음 P44]

훈민졍흠 합자해 合字解

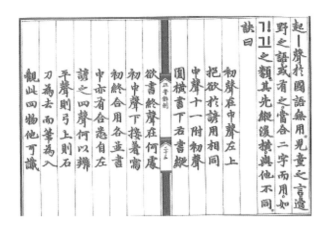

訣曰	결왈	합자해 요점을 말하자면
初聲在中聲左上	초성재중성좌상	초성은 중성의 왼쪽이나 위에 있고,
挹欲於諺用相同	읍욕어언용상동	ㆆ와 ㅇ는 우리말에서 서로 같이 쓰인다.
終聲十一附初聲	종성십일부초성	중성 11자는 초성에 붙는데
圓橫書下右書縱	원횡서하우서종	·와 횡[ㅡㅗㅛㅜㅠ]은 아래에, 우측엔 종[ㅣㅏㅑㅓㅕ]을,
欲書終聲在何處	욕서종성재하처	종성은 쓰려면 어디에 둘까?
初中聲下接着寫	초중성하접착사	초성을 쓰고 중성 쓴 아래 잇대 쓴다.
初終合用各並書	초종합용각병서	초성·종성을 합쳐 쓸 때는 각각 나란히 쓴다.
中亦有合悉自左	중역유합실자좌	중성도 합쳐 쓰니 다 왼쪽부터 쓴다.
諺之四聲何以辨	언지사성하이변	우리말에서 4성은 어떻게 구분할까?
平聲則弓上則石	평성즉궁상즉석	평성은 [활]이요, 상성은[:돌]이고,
刀為去而筆為入	도위거이필위거	[·갈]은 거성, [·붇]은 입성이 된다.
觀此四物他可識	관차사물타가식	이 네 사물을 보아 다른 것도 알 수 있다.

훈민졍흠
합자해
合字解

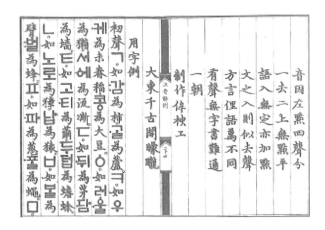

音因左點四聲分	음인좌점사성분	소리는 글자 좌측 점에 따라 4성으로 구분하니
一去二上無點平	일거이상무점평	하나는 거성, 둘은 상성, 점이 없으면 평성이다.
語入無定亦加點	어입무정역가점	우리말 입성은 정함은 없으나, 역시 점을 더하고
文之入則似去聲	문지입즉사거성	한자의 입성은 거성과 비슷하다.
方言俚語萬不同	방언리어만부동	각지방 말과 속된 말 등이 모두 같지 않고
有聲無字書難通	유성무자서난통	소리는 내나 글자가 없어 써서 통하기 어렵더니
一朝	일조	하루 아침에
制作侔神工	제작모신공	[임금의] 창제가 신의 조화 같아서,
大東千古開曚曨	대동천고개몽롱	우리나라 영원토록 어둠이 개었어라.

임금의 만드심을 강조하고자 줄 바꿔 높임

초성

ㄱ는 :감(柿)이 되고, ·골(蘆)이 됨과 같으며, ㅋ는 우·케(未舂稻)되고, 콩은(大豆)됨과 같고,

ㆁ는 러·울(獺)되고, 서·에(流澌)됨과 같다.

初聲ㄱ。如:감爲柿。·골爲蘆。ㅋ。如우·케爲未舂稻。콩爲大豆。ㆁ。如러·울爲獺。서·에爲流澌。

초성ㄱ。여:감위시。·골위로。ㅋ。여우·케위미용도。콩위대두。ㆁ。여러·울위달。서·에위유시。

> 훈민정음 초성 ㄱ 발음 : 창제(1443)시는
> '기其'가 되어야 상형象形[키 모양]취지에
> 맞으며, 세조시대 언해본 표기도 'ㄱ는'임.
> '기역其役'은 훈몽자회(최세진,1527)에서
> 8종성에 따른 반절 명칭

ㄷ는·뒤(茅)가 되고, ·담(墻)이 됨과 같으며, ㅌ는 고·티(繭)가 되고, 두텁(蟾蜍)이 됨과 같으며,

ㄴ는 노로(獐)가 되고 납(猿)이 됨과 같다.

ㄷ。如·뒤爲茅。·담爲墻。ㅌ。如고·티爲繭。두텁爲蟾蜍。ㄴ。如노로爲獐。납爲猿。

ㄷ。여·뒤위모。·담위장。ㅌ。여고·티위견。두텁위섬서。ㄴ。여노로위장。납위원。

ㅂ는 불(臂)이 되고, :벌(蜂)이 됨과 같으며, ㅍ는 ·파(葱)가 되고, ·풀(蠅)이 됨과 같으며,

ㅁ는 :뫼(山)가 되고, ·마(薯藇)가 됨과 같고, ㅸ는 사·비(蝦)가 되고 드·븨(瓠)가 됨과 같다.

ㅂ。如불爲臂。:벌爲蜂。ㅍ。如·파爲葱。·풀 爲蠅。ㅁ。如:뫼爲山。·마爲薯藇。ㅸ。如사·비 爲蝦。드·븨 爲瓠。

ㅂ。여불위벽。:벌위봉。ㅍ。여·파위총。·풀위승。ㅁ。여:뫼위산。·마위서여。ㅸ。여사·비위하。드·븨위호。

> 기본 입술소리[ㅁ,ㅂ,ㅍ]에
> 입술 가벼운 소리[ㅸ] 추가

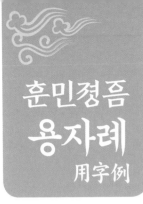

ㅈ는 ·자(尺)가 되고 죠·히(紙)가 됨과 같으며, ㅊ는 ·체(籭)가 되고 ·채(鞭)가 됨과 같다.

ㅅ는 ·손(手)이 되고, :셤(島)이 됨과 같다.

ㅈ·如·자為尺·죠·히為紙·ㅊ·如·체為籭·채為鞭·ㅅ·如·손為手·:셤為島。

ㅈ。여·자위척。죠·히위지。ㅊ。여·체위사·채위편。ㅅ。여·손위수·:셤위도。

ㆆ는 ·부헝(鵂鶹)이 되고 ·힘(筋)이 됨과 같으며, ㅇ는 ·비육(鷄雛)이 되고, ·ᄇ얌(蛇)이 됨과 같다.

ㆆ·如·부헝為鵂鶹·힘為筋。ㅇ·如·비육為鷄雛·ᄇ얌為蛇。

기본 후음喉音 ㅇ, ㆆ, ㅎ에서 ㆆ생략

ㆆ。여·부헝위휴류·힘위근。ㅇ。여·비육위계추·부얌위사。

ㄹ는 ·무뤼(雹)가 되고 어·름(氷)이 됨과 같고, ㅿ는 아ᅀᅮ(弟)가 되고 :너ᅀᅵ(鴇)가 됨과 같다.

ㄹ·如 ·무뤼為雹·어·름為氷。ㅿ·如아ᅀᅮ為弟· :너ᅀᅵ為鴇。

ㄹ。여·무뤼위박·어·름위빙。ㅿ。여아ᅀᅮ위제· :너ᅀᅵ위보。

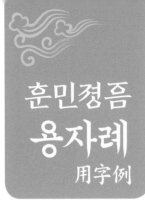

중성

·는 ·톡(頤)이 되고, ·풋(小豆)이 되고, ᄃ리(橋)가 되고, ᄀ래(楸)가 됨과 같고,

—는 ·믈(水)이 되고, ·발·측(跟)이 되고, 그력(鴈)이 되고, 드·레(汲器)가 됨과 같으며,

ㅣ는 ·깃(巢)이 되고, :밀(蠟)이 되며, ·피(稷)가 되고, ·키(箕)가 됨과 같다.

中聲·。如 ·톡 為頤。· 풋 為小豆。ᄃ리為橋。ᄀ래為楸。—。如 · 믈為水。·발 · 측為跟。그력為鴈。드 · 레為汲器。

ㅣ。如·깃為巢。 :밀為蠟。· 피為稷。·키為箕。

중성·。여 ·톡위이。· 풋위소두。ᄃ리위교。ᄀ래위추。—。여 ·믈위수。·발·측위근。그력위안。드·레위급기。ㅣ。여 ·깃위소。:밀위랍。· 피위직。·키위기。

ㅗ는 ·논(水田)이, ·톱(鉅)이, 호·미(鉏)가 되고 벼·로(硯)가 됨과 같고,

ㅏ는 ·밥(飯)이 되고, ·낟(鎌)이 되며, 이·아(綜)가 되고 사·ᄉᆞᆷ(鹿)이 됨과 같다.

ㅗ。如 ·논為水田。· 톱為鉅。호·미為鉏。벼·로為硯。ㅏ。如 ·밥為飯。·낟為鎌。이·아為綜。사·ᄉᆞᆷ為鹿。

ㅗ。여 ·논위수전。· 톱위거。호·미위조。벼·로위연。ㅏ。여 ·밥위반。·낟위겸。이·아위종。사 ·ᄉᆞᆷ위록。

> 논 답[畓]자는 후세에 생긴 우리나라 식의 한자임을 알 수 있다.

ㅜ는 숫(炭)이, ·울(籬)이 되며, 누·에(蠶)가 되고, 구·리(銅)됨과 같으며,

ㅓ는 브섭(竈)이 되고, :널(板)이 되며, 서·리(霜)가 되고, 버·들(柳)이 됨과 같다.

ㅜ。如숫為炭。·울為籬。누·에為蠶。구·리為銅。ㅓ。如브섭為竈。:널為板。서·리為霜。버·들為柳。

ㅜ。여숫위탄。·울위리。누·에위잠。구·리위동。ㅓ。여브섭위조。:널위판。서·리위상。버·들위류。

ㅛ는 :죵(奴)이 되고, ·고욤(栭)되고, ·쇼(牛)가 되며, 삽됴(蒼朮菜)가 됨과 같다.

ㅑ는 남샹(龜)이 되고 약(鼅鼊)이 되며, 다야(匜)가 되고, 쟈감(蕎麥皮)이 됨과 같다.

ㅛ。如 :죵為奴。·고욤為栭。·쇼為牛。삽됴為蒼朮菜。ㅑ。如남샹為龜。약為鼅鼊。다야為匜。쟈감為蕎麥皮。

ㅛ。여:죵위노。·고욤위영。·쇼위우。삽됴위창출채。ㅑ。여남샹위구。약위구벽。다야위이。쟈감위교맥피。

ㅠ는 율믜(薏苡)가 되고, 쥭(飯臿〈주걱초〉)이 되며, 슈룹(雨繖)이 되고, 쥬련(帨)이 됨과 같으며,

ㅕ는 ·엿(飴餹)이 되고, 뎔(佛寺)이 되며, 벼(稻)가 되고, :져비(燕)가 됨과 같다.

ㅠ。如율믜為薏苡。쥭為飯臿。슈룹為雨繖。쥬련為帨。ㅕ。如 ·엿為飴餹。뎔為佛寺。벼為稻。:져비為燕。

ㅠ。여율믜위의이。쥭위반초。슈룹위우산。쥬련위세。ㅕ。여 ·엿위이당。뎔위불사。벼위도。:져비위연。

종성

ㄱ는 닥(楮)이 되고, 독(甕)이 됨과 같으며,

ㄷ는 ·갇(笠)이 되고, 싣(楓)이 됨과 같으며,

ㅂ는 섭(薪)이 되고, ·굽(蹄)이 됨과 같으며,

ㅅ는 :잣(海松)이 되고, ·못(池)이 됨과 같으며,

ㆁ는 :굼벙(蠐螬) 되고, 올창(蝌蚪)이 됨과 같고,

ㄴ는 ·신(屨)이 되고, ·반되(螢)가 됨과 같고,

ㅁ는 :범(虎)이 되고, :심(泉)이 됨과 같고,

ㄹ는 ·돌(月)이 되고, :별(星)이 됨과 같은 따위이다.

> 8종성만 언급

終聲ㄱ。如닥為楮。독為甕。ㆁ。如 :굼벙為蠐螬。올창為蝌蚪。
ㄷ。如 ·갇為笠。싣為楓。ㄴ。如 ·신為屨。 ·반되為螢。
ㅂ。如섭為薪。 ·굽為蹄。ㅁ。如 :범為虎。 :심 為泉。
ㅅ。如 :잣為海松。 ·못為池。ㄹ。如 ·돌 為月。 :별為星之類。

종성ㄱ。여닥위저。독위옹。ㆁ。여 :굼벙위제조。올창위과두。
ㄷ。여 ·갇위립。싣위풍。ㄴ。여 ·신위구。 ·반되위형。
ㅂ。여섭위신。 ·굽위제。ㅁ。여 :범위호。 :심위천。
ㅅ。여 :잣위해송。 ·못위지。ㄹ。여 ·돌위월。 :별위성지류。

용자례 어휘		
초성 17자	2어휘	34
중성 11자	4어휘	44
종성 8종성	2어휘	16
	총	94어휘

해례본 서두에 임금의 서문이 실렸기에
신하의 서문은 뒤에 실은 것이다.

천지 자연의 소리가 있으면, 곧 반드시 천지 자연의 글이 있습니다.
그러므로 옛날 사람이 소리를 바탕으로 글자를 만들어, 만물의 뜻을
통하고, 삼재(천지인天地人)의 이치를 실었으니, 후세 사람들이 능히
글자를 바꿀 수가 없었습니다.

有天地自然之聲。則必有天地自然之文。所以古人因聲制字。以通萬物之情。
以載三才之道。而後世不能易也。

유천지자연지성。즉필유천지아연지문。소이고인인성제자。이통만물지정。이재삼재지도。
이후세불능역야。

그러나 사방의 풍토가 다르고, 말소리의 기운도 따라서 다릅니다.

然四方風土區別。聲氣亦随而異焉。

연사방풍토구별。성기역수이이언。

한자 학습서 서문전개와 정인지 서문 전개 비교

계몽편啓蒙篇
〈어린이 산문 교습서, 저자 미상〉

上有天下有地 天地之間有人焉有萬物焉日
月星辰者天地所係也

동몽선습童蒙先習
〈조선 왕세자 교육 필독서, 박세당(1487~1564)〉

天地之間萬物之衆惟人最貴所貴乎人者以
其有五倫也

천자문天字文
〈양무제梁武帝(502~549)의 태자 교육서, 종요鐘繇
(魏,151~230)〉

天地玄黃宇宙洪黃日月盈昃辰宿列張寒來
暑往秋收冬藏閏餘成歲

대개 중국 이외의 딴 나라 말은, 그 말소리에 맞는 글자가 없었습니다. 그래서 중국 글자를 빌려 소통하도록 하고 있는데, 이것은 마치 네모난 호밋자루를 둥근 구멍에 끼우는 것과 같으니, 어찌 제대로 소통하는데 막힘이 없겠습니까? 중요한 것은 모든 것은 각각 처한 곳에 따라 편안하게 할 것이지, 억지로 같게 하여서는 아니 될 것입니다.

蓋外國之語。有其聲而無其字。假中國之字以通其用。是猶枘鑿之鉏鋙也。豈能達而無礙乎。要皆各隨所處而安。
不可強之使同也。

개외국지어。유기성이무기자。가중국지자이통기용。시유예조지서어야。기능달이무애호。요개각수소처이안。불가강지사동야。

☞방예원조方枘圓鑿 : 네모난 자루에 둥근 구멍,
사물이 서로 맞지 아니함

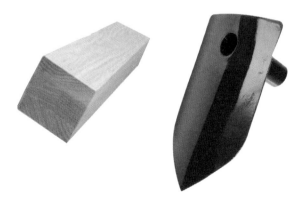

우리나라의 예악과 문장은 중국과 비길만합니다. 다만 우리의 방언이나 토속어가 중국과 같지 않을 뿐더러, 한자 배우는 이는 그 뜻을 깨닫기 어려움 걱정하고, 소송 사건을 다루는 관리는 자세한 사항을 이해하기가 어려움을 병으로 여기고 있었습니다.

吾東方禮樂文章。侔擬華夏。但方言俚語。不與之同。學書者患其旨趣之難曉。治獄者病其曲折之難通。

오동방예악문장。모의화하。단방언이어。불여지동。학서자환기지취지난효。치옥자병기곡절지난통。

옛날 신라의 설총 공께서 이두를 처음 만들어 관청과 민간에서 지금도 쓰고 있으나, 모두 한자를 빌려 쓰는 것이라, 혹은 껄끄럽고 혹은 막혀 답답합니다.

昔新羅薛聡。始作吏讀。官府民間。至今行之。然皆假字而用。或澁或窒。

석신라설총。시작이두。관부민간。지금행지。연개가자이용。혹삽혹질。

이두를 사용하는 것은 몹시 속되고 근거가 일정하지 않을 뿐더러 실제 언어 사용에서는 그 만 분의 일도 소통하지 못합니다.

非但鄙陋無稽而已。至扵言語之間。則不能達其萬一焉。

비단비루무계이이。지어언어지간。즉불능달기만일언。

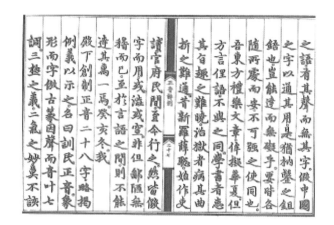

계해년 겨울[1443년 12월], 우리

임금께서 정음 28자를 창제하시어,

간략한 예와 뜻을 걸어 보이시며,

그 명칭을 『훈민정음』이라 하셨습니다.

癸亥冬。我

殿下創制正音二十八字。略揭例義以示之。名曰訓民正音。

계해동。아

전하창제정음이십팔자。략게례의이시지。명왈훈민정음。

임금을 지칭하는 글은 줄을 바꿔 위로 올려 높임.

조선 음양오행 건축의 진수 경회루 평면도

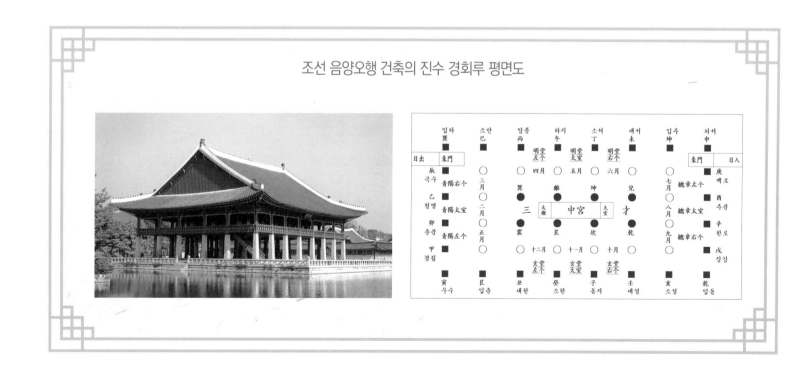

훈민졍흠 정인지서문
鄭麟趾序文

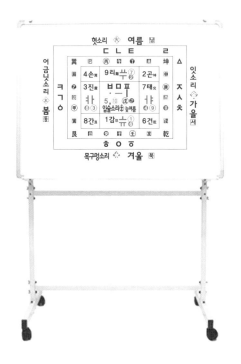

계해년 겨울 (1443 년 12 월), 우리 임금께서 정음 28자를 창제하시어, 간략한 예와 뜻을 걸어 보이시며, 그 명칭을 『훈민졍흠』이라 하셨습니다.

癸亥冬。我
殿下創制正音二十八字。略揭例義以示之。名曰訓民正音。

계해동。아
전하창제정음이십팔자。략게례의이시지。명왈훈민졍흠。

[걸어 보이시며,]의 참 뜻

殿下創制正音二十八字。略揭例義以示之。名曰訓民正音。

①전하 창제殿下創制 :『훈민졍흠』 창제자는 세종임금 이시다.

②정음 28자 正音二十八字 :『훈민졍흠』은 28자다.

③약게례의이시略揭例義以示 : 걸어 놓고 보여주셨다.

揭 : ① 들 게. 높이 듦. 고거[高擧]함. '게양揭揚'. 게간위기揭竿爲旗 ≪한서漢書≫

　　 ② 걸 게. 게시함. 게첩[揭貼].

　　 ③ 자원[字源] 갈曷은 걸다 뜻. 수扌[手]를 더하여 높이 걸다.

　　　 [한한대자전漢韓大字典 2020 민중서림]

④之 :『훈민졍흠』

⑤명왈『훈민졍흠』名曰訓民正音。: 이름하여 『훈민졍흠』이라 했다.

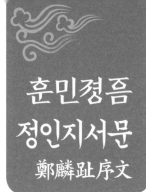

『훈민졍흠』 도식을 걸어 보이시며揭例義以示之

아마도 이런 제자해도를 걸고 설명하시지 않았을까?[편저자 추측]

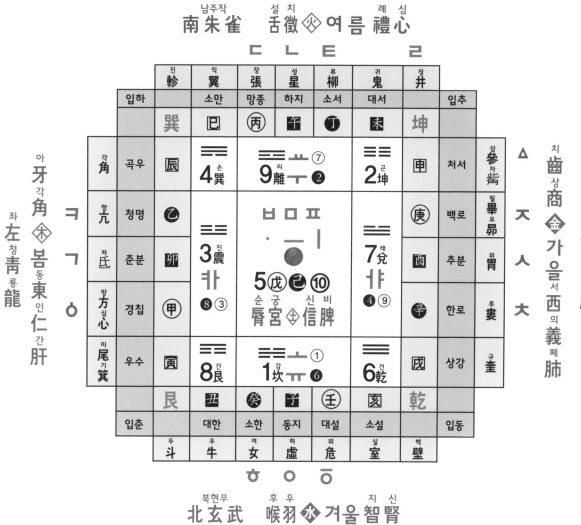

상형원리로 만들었으며 글자는 옛 '전자'를 모방하였고, 말소리에 따라 만드셨는데,
(글자는) 음률의 일곱 가락에도 들어맞습니다. 삼재(하늘 · 땅 · 사람)와 이기(음양)의 묘한 어울림도 두루 갖추지
않은 것이 없으며, 28자로써 전환이 끝 없어, 간단하면서도 요점을 잘 드러내고, 정밀한 뜻을 담으면서도 두루
통할 수 있습니다.

象形而字倣古篆因聲。而音叶七調。三極之義。二氣之妙。莫不該括。以二十八字而轉換無窮。簡而要。精而通。
상형이자방고전。인성이음협칠조。삼극지의。이기지묘。막불해괄。이이십팔자이전환무궁。간이요。정이통。

일곱가락[7조七調]
궁宮(ㅁ) · 상商(ㅅ) · 각角(ㄱ) · 치徵(ㄴ) ·
우羽(ㅇ) · 반상半商(ㅿ) · 반치半徵(ㄹ)]

중국 홍무정운洪武正韻
[明 태조 주원장, 1375년, 남경말과 북경말의 표준 공통음 제정]

[서문 발췌 해석문]
사람이 있으면 소리가 있고, 소리가 나면 7음을 구비하게 된다. 이른바 7음이란
아·설·순·치·후·반설·반치음을 말한다. 슬기로운 자가 관찰하면 청탁의 두가지 원
리와 궁·상·각치·우, 그리고 반상 ·반치음까지 알게 된다. 천하에 모든 음음이 다
여기에 속한다.[홍현보 著'언문' P248]

간요簡要
君子之道有四易 簡而易用也 要而易守
也 炳而易見也 法而易言也 [漢 揚雄
〈BC53~AD18〉 法言]
군자의 도 쉬운 4 가지는, 간단하여 쓰기
쉽고, 구하여 지키기 쉽고, 밝아서 보기
쉽고, 법도가 있어 말하기 쉽다.

그러므로 슬기로운 사람은 하루아침을 마치기도 전에 깨달을 수 있고,

슬기롭지 못한 이라도 열흘이면 배울 수 있습니다.

이 글자로써 한문을 해석하면 그 뜻을 알 수 있고,

또한 이 글자로써 소송 사건을 다루면, 그 속사정을 이해할 수 있습니다.

故智者不終朝而會。 愚者。 可浹旬而學。以是解書。可以知其義。以是聽訟。可以得其情。

고지자부종조이회。우자가협순이학。이시해서。가이지기의。이시청송。가이득기정。

하루아침을 마치기도 전에 깨달을 수 있고[不終朝而會],
- 회[會] : ⑧ 깨달을 회, 이해 함. 회득[會得] : 깨달음.[한한대자전漢韓大字典 2020 민중서림]

열흘이면 배울 수 있습니다[可浹旬而學].
- 협[浹] : ⑤ 일주 협, 한 바퀴 도는 일[한한대자전漢韓大字典 2020 민중서림]
- 순[旬] : 열흘 순, 10간[갑 을 병 정 무 기 경 신 임 계]이 한 번 도는 기간

훈민졍음
졍인지서문
鄭麟趾序文

글자의 운으로는 맑고 흐린 소리를 구별할 수 있고, 노랫가락으로는 음률을 명확하게 표현할 수 있습니다. 글을 사용하는데 갖추어지지 않은 바가 없으니, 어디를 가든 뜻을 두루 통하지 못하는 바가 없으며, 비록 바람 소리, 학 울음소리, 닭 울음소리, 개 짖는 소리라도 모두 적을 수 있습니다. 드디어

字韻則清濁之能辨。樂歌則律呂之克諧。無所用而不備。無所往而不達。雖風聲鶴唳。雞鳴狗吠。皆可得而書矣。遂

자운즉청탁지능변。악가즉율려지극해。무소용이불비。무소왕이부달。수풍성학려。계명구폐。개가득이서의。수

> 어디를 가든 뜻을 두루 통하지 못하는 바가 없으며 ⇒ 세계 공용어 자격

> 바람 소리, 학 울음소리, 닭 울음소리, 개 짖는 소리[풍성학려 계명구폐 風聲鶴唳。雞鳴狗吠]라도 모두 적을 수 있다.

훈민졍음 정인지서문
鄭麟趾序文

임금께서 상세한 풀이를 더하여 모든 백성들을 깨우치도록 명하셨습니다. 이에 신이 집현전 응교 신최항, 부교리 신박팽년, 신신숙주, 수찬 신성삼문, 돈령부주부 신강희안, 행집현전부수찬 신이개 및 신이선로 등과 더불어 삼가 여러 가지 풀이와 보기를 들어 훈민정음 해례를 깔끔하게 서술하였습니다.

命詳加解釋以喩諸人。扵是。臣與集賢殿應教臣崔恆。副校理臣朴彭年。臣申叔舟。脩撰臣成三問。敦寧府注簿臣姜希顏。行集賢殿副脩撰臣李塏。臣李善老等。謹作諸解及例。以叙其梗槩。

명상가해석。이유저인。어시。신여집현전응교신최항。부교리신박팽년。신신숙주。수찬신성삼문。돈녕부주부신강희안。행집현전부수찬신이개。신이선로등。근작제해급례。이서기경개。

이유저인 以喩諸人: 백성들에게 깨우칠 수 있도록 함으로써

제諸는 전치사, 지어[之於]의 줄임 말로 저로 읽음. ⓐ諸ⓑ : ⓑ에게 ⓐ하기를

경梗 : 단단한 가시가 있는 두릅나무. 개槩[槪] : 쌀 됫박 위 넘치는 쌀을 고르는 평미레 ⇒ 경개:두릅나무 막대를 가시를 다듬어 깔끔하게 정리함

역시 임금의 명命에서 줄을 바꿔 높여 줌

행行 : 직위보다 직급이 높을 때 (2급 자리 1급 임명)

수守 : 직위보다 직급이 낮을 때 (1급 자리 2급 임명)

돈녕부주부 : 왕실의 친척을 친밀하게 하는 관청의 6~8 품

창제 당시[1443년] 세종 46세

집현전 직제

직제		
영전사(정1품)		
대제학(정2)	정인지(1427문과장원47세)	
제 학(종2)		
부제학(정3)		최만리 45세
직제학(종3)		신석조 36세
직 전(정4)		김 문 44세
응 교(종4)	최 항(1434문과장원34세)	정창손 41세
교 리(정5)		
부교리(종5)	박팽년(1434문과급제26세)	하위지 31세
	신숙주(1439친시문과26세)	
수 찬(정6)	성삼문(1438식년문과25세)	송처검 ?세
부수찬(종6)	이선로(1438식년문과26세)	
	이 개(1436문과급제26세)	
박 사(정7)		
저 작(정8)		조 근 26세
정 자(정9)		
돈령부주부	강희안 (1441식년문과26세)	
	8학사	상소(7인)

대체로 보는 사람으로 하여금 스승이 없이도 스스로 깨우치도록 하였습니다. 그 깊은 근원과 정밀한 뜻은 신묘하여 신臣들이 감히 밝혀 보일 수 없습니다. 공손히 생각하건대, 우리

庶使觀者不師而自悟。若其淵源精義之妙。則非臣等之所能發揮也。恭惟我

서사관자불사이자오。약기연원정의지묘。즉비신등지소능발휘야。공유아

전하는 하늘이 내신 성인으로서 지으신 법도와 베푸신 업적이 모든 왕들을 뛰어 넘으셨습니다. 정음 창제는 앞선 사람이 이룩한 것에 의한 것이 아니고, 자연 이치에 의한 것입니다. 참으로 그 지극한 이치가 아주 많으며, 사람의 힘으로 사사로이 한 것이 아닙니다. 무릇 동방에 우리나라 있음이 꽤 오래 되었지만, 만물의 뜻을 깨달아 모든 일을 온전하게 이루는 큰 지혜는 오늘을 기다리고 있었습니다.

殿下。天縱之聖。制度施爲超越百王。正音之作。無所祖述。而成於自然。豈以其至理之無所不在。而非人爲之私也。夫東方有
國。不爲不久。而開物成務之大智。盖有待於今日也歟。

전하。천종지성。제도시위초월백왕。정음지작。무소조술。이성어자연。

기이기지리지무소부재。이비인위지사야。부동방유국。불위불구。이개성물성무지대지。개유대어금일야여。

훈민졍음 정인지서문
鄭麟趾序文

정통 11년 9월 상순

자헌대부 예조판서 집현전 대제학 지춘추관사세자우빈객 신정인지는

두 손 모으고 머리 숙여 삼가 씁니다.

正統十一年九月上澣。
資憲大夫禮曹判書集賢殿大提學知春秋館事世子右賓客臣鄭麟趾
拜手稽首謹書

정통십일년구월상한。

자헌대부예조판서집현전대제학지춘추관사세자우빈객신정인지

배수계수근서

훈민졍음 訓民正音

정통 11 년 : 1446년, 세종 28년, 명 영종明 英宗 (19 세)의 연호(1436~1449)

상한上澣 : 상순上旬, 한 달의 1~10일,

한澣 : 빨발래 할 한[관리에게 열흘마다 목욕 휴가를 주는 데서 유래]

자헌대부[정 2 품 문관]

예조판서[6 조의 하나로 예악·제사·향연·학교·과거를 관장하는 관청, 정2품관]

대제학[집현전 으뜸 벼슬인 정 2 품관]

지춘추관사[춘추관(역사기록)의 정 2 품관]

세자우빈객[세자 거처인 동궁의 정 2 품관]

훈민정음 제자해도 制字解圖

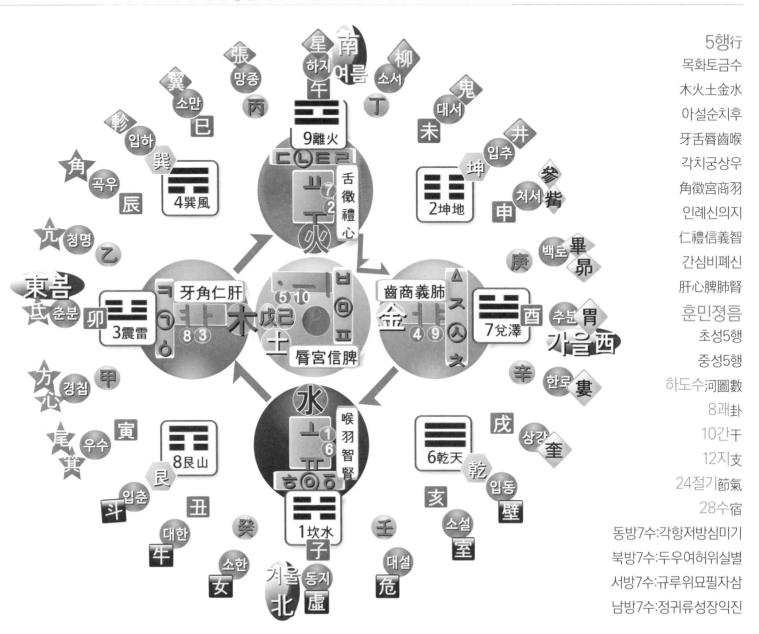

5행行
목화토금수
木火土金水
아설순치후
牙舌脣齒喉
각치궁상우
角徵宮商羽
인례신의지
仁禮信義智
간심비폐신
肝心脾肺腎

훈민정음
초성5행
중성5행
하도수河圖數
8괘卦
10간干
12지支
24절기節氣
28수宿

동방7수:각항저방심미기
북방7수:두우여허위실별
서방7수:규루위묘필자삼
남방7수:정귀류성장익진

훈민정음해설사 자격시험

예상문제

※ 다음 물음에 알맞은 답의 번호를 쓰시오.

1. 간송미술관에 소장된 『훈민정음 해례본』은 언제 발견되었는가? ( )

① 1940년 　② 1945년 　③ 1950년 　④ 1960년 　⑤ 1970년

2. 다음 중 해례본의 의의에 해당하지 않는 것은? ( )

① 훈민정음의 제자 원리를 알게 되었다.
② 창제 당시의 자료를 가진 유일한 나라가 되었다.
③ 세계 역사상 유일하게 글자 창제의 원리, 창제자, 반포일을 알 수 있다.
④ 글자 창제의 목적과 참여자를 알 수 있다.
⑤ 훈민정음이 표의문자라는 점을 알 수 있다.

3. 다음 중 세종대왕에 대한 설명으로 바르지 않은 것은? ( )

① 조선 시대에 조선 사람으로 태어나 왕위에 오른 첫 임금이다.
② 인재를 고르게 등용하여 이상적 유교 정치를 구현한 왕이다.
③ 조선의 제3대 왕인 태종의 첫째 아들로 태어났다.
④ 민족문화를 독자적으로 발전시키는데 진력하였다.
⑤ 1397년에 출생하여 1450년 54세로 승하하였다.

4. 『훈민정음 해례본』의 「어제 서문」은 몇 자로 쓰였는가? ( )

① 50자 　② 54자 　③ 108자 　④ 100자 　⑤ 58자

5. 다음 중 훈민정음 관련 기념일과 관계가 없는 것은? ( )

① 가갸날 　　② 한글날 　　③ 조선글날
④ 국어의날 　⑤ 조선어문자의 날

6. 국보 70호『훈민정음 해례본』의 유출과 관련이 있는 인물은? ( )

① 주시경 　② 권덕규 　③ 이용준 　④ 최현배 　⑤ 이선로

7. 『훈민정음 해례본』 집필과 관련이 없는 인물은? ( )

① 최만리 　② 정인지 　③ 신숙주 　④ 성삼문 　⑤ 최항

8. 다음 중 훈민정음으로 된 최초의 노래는 어느 것인가? ( )

① 용비어천가 　　② 동국정운 　　③ 동국여지승람
④ 석보상절 　　　⑤ 대장경

9. 다음 중 월인석보에 대한 설명이 바른 것은? ( )

① 불교를 억압하기 위해 편찬한 유교 서적이다.
② 세조가 즉위 직후 간행한 책이다.
③ 월인천강지곡과 석가의 족보를 상세히 소개한 석가보를 합편한 것이다.
④ 초기의 훈민정음 변천을 살피는 데 있어서 중요한 가치를 지닌다.
⑤ 세종의 월인천강지곡과 신미 대사의 석보상절을 합편한 책이다.

10. 다음 중 훈민정음을 창제한 인물은 누구인가? ( )

① 안평대군 　② 신미대사 　③ 세종대왕 　④ 수양대군 　⑤ 주시경

11. 다음 중 자음 'ㅋ'의 현대적 이름이 바르게 표기된 것은? ( )

① 키억 　② 키역 　③ 키윽 　④ 키읔 　⑤ 키읕

12. 다음 중 자음 'ㄷ'의 현대적 이름이 바르게 표기된 것은? ( )

① 디은 　② 디귿 　③ 디긋 　④ 드긋 　⑤ 디귿

13. 다음 중 자음 'ㅎ'의 현대적 이름이 바르게 표기된 것은?　　　　(　　)
① 히웅　② 히읗　③ 히읏　④ 흐엇　⑤ 히응

14. 다음 중 자음 'ㄴ'의 현대적 이름이 바르게 표기된 것은?　　　　(　　)
① 니응　② 이은　③ 니은　④ 니을　⑤ 니근

15. 다음 중 자음 'ㅿ'의 현대적 이름이 바르게 표기된 것은?　　　　(　　)
① 삼각형　② 반치음　③ 세모　④ 반시옷　⑤ 반지음

> **보기**
>
> ㄱ은 (㉠)니 (㉡)의 자 처음 피어나는 소리 같으니라

16. 〈보기〉의 글에서 ㉠에 들어갈 알맞은 말은?　　　　(　　)
① 혓소리　② 잇소리　③ 입술소리　④ 목구멍소리　⑤ 어금니소리

17. 〈보기〉의 글에서 ㉡에 들어갈 알맞은 말은?　　　　(　　)
① 君　② 土　③ 士　④ 七　⑤ 丹

> **보기**
>
> ㄷ은 (㉠)니 (㉡)의 자 처음 피어나는 소리 같으니라

18. 〈보기〉의 글에서 ㉠에 들어갈 알맞은 말은?　　　　(　　)
① 입술소리　② 잇소리　③ 혓소리　④ 어금니소리　⑤ 목구멍소리

19. 〈보기〉의 글에서 ㉡에 들어갈 알맞은 말은?　　　　(　　)
① 九　② 斗　③ 木　④ 別　⑤ 水

> **보기**
>
> ㅂ은 (㉠)니 (㉡)의 자 처음 피어나는 소리 같으니라

20. 〈보기〉의 글에서 ㉠에 들어갈 알맞은 말은?　　　　(　　)
① 잇소리　② 혓소리　③ 입술소리　④ 어금니소리　⑤ 목구멍소리

21. 〈보기〉의 글에서 ㉡에 들어갈 알맞은 말은?　　　　(　　)
① 古　② 事　③ 彆　④ 雨　⑤ 午

> **보기**
>
> 乃終(내종)의 소리는 다시 (　　　　)를 쓰느니라

22. 〈보기〉의 글에서 (　)에 들어갈 알맞은 말은?　　　　(　　)
① 첫소리　② 가운뎃소리　③ 끝소리　④ 높은 소리　⑤ 낮은 소리

> **보기**
>
> 왼쪽에 한 점을 더하면 (　　　　)이오.

23. 〈보기〉의 글에서 (　)에 들어갈 알맞은 말은?　　　　(　　)
① 평성　② 상성　③ 입성　④ 음성　⑤ 거성

24. 다음 중 언해본 당시 'ㅽ'자의 독음으로 바른 것은?　　　　(　　)
① 낭　② 끃　③ 밍　④ 쫑　⑤ 쌍

25. 다음 중 언해본 당시 '춈' 자의 독음으로 바른 것은?　　　　(　　)
① 형　② 땀　③ 침　④ 튼　⑤ 즉

※ 다음 글을 읽고 물음에 답하시오.

(가) 世·솅 宗종 御·엉 製·졩 訓·훈 民민 正·졍 音음

나·랏 :말 ᄊᆞ·미 ㉠中듕 國·귁·에 달·아 文문 字·ᄍᆞ·와·로 서르 ㉡ᄉᆞᄆᆞᆺ·디 아·니 ᄒᆞᆯ·ᄊᆡ ·이런 ㉢젼·ᄎᆞ·로 ㉣어·린 百·ᄇᆡᆨ 姓·셩·이 니르·고·져 ·ᅙᅳᆯ·배 이 ·셔·도 ᄆᆞᄎᆞᆷ :내 제·ᄠᅳ·들 시·러 펴·디 :몯 ᄒᆞᇙ ㉤노·미 하·니·라 ·내 ·이·를 爲·윙·ᄒᆞ·야 ㉥어엿·비 너·겨 ·새·로 ㉦스·믈 여·듧 字·ᄍᆞ·ᄅᆞᆯ 밍·ᄀᆞ노·니 :사·ᄅᆞᆷ :마·다 :ᄒᆡ·ᅇᅧ ㉧수·ᄫᅵ 니·겨 ·날·로 ·ᄡᅮ·메 便뼌安한·킈 ᄒᆞ·고·져 ᄒᆞᇙ ᄯᆞᄅᆞ·미니·라

26. (가) 는 '훈민정음 언해본의 서문'이다. 이 글에 언급되지 않은 내용은? ( )

① 새로 창제된 문자는 28자이다.
② 새 문자를 만들어서 모든 제도를 정비하였다.
③ 모든 사람이 쉽게 배울 수 있게 만들어졌다.
④ 당시에는 문자 생활을 못 하는 사람들이 많았다.
⑤ 중국과 우리말은 많은 차이가 있었다.

27. 다음 중 훈민정음 창제 당시의 상황으로 ㉠에 해당하는 나라는? ( )

① 청나라 ② 원나라 ③ 명나라 ④ 상나라 ⑤ 중화민국

28. ㉡~㉥의 뜻을 현대어로 풀이한 것 중 옳지 않은 것은? ( )

① ㉡ ᄉᆞᄆᆞᆺ디 – 통하지
② ㉢ 젼츠로 : 까닭으로
③ ㉣ 어린 – 어리석은
④ ㉤ 하니라 – 많으니라.
⑤ ㉥ 어엿·비 – 예쁘게

29. 다음 중 Ⓐ에 속하지 않는 글자는? ( )

① 여린 히읗 - ㆆ   ② 반 치음 - ㅿ   ③ 옛이응 - ㆁ
④ 순경음 비읍 - ㅸ   ⑤ 아래아 - ·

30. 다음 중 ㉤에 해당하는 한자로 바른 것은? ( )

① 易   ② 多   ③ 使   ④ 慦   ⑤ 愚

31. (가) 에 나타난 표기상의 특징으로 맞는 것은? ( )

① 소리 나는 대로 적는 것을 원칙으로 한다.
② 띄어쓰기 규정이 철저히 지켜지고 있다.
③ 고유어 표기에서 사잇소리를 사용하지 않았다.
④ 방점 사용에 혼란이 나타나고 있다.
⑤ 한자음을 우리의 발음에 가깝게 표기하고 있다.

32. (가) 에 나타나지 않은 것은? ( )

① 자주정신   ② 애민정신   ③ 실용정신
④ 백성의 일상 언어생활   ⑤ 훈민정음의 창제 방법

33. 단어의 뜻을 현대어로 풀이한 것으로 옳지 않은 것은? ( )

① ᄆᆞᄎᆞᆷ내 – 마침내   ② 노미 – 까닭   ③ ᄒᆡᅇᅧ – 어리다
④ 달아 – 다르다   ⑤ ·ᄡᅮ·메 – 사용하다

34. 다음 중 어휘에 대한 설명이 바르지 않은 것은? ( )

① 듕귁에-15세기에는 비교를 의미하는 조사가 없었다.
② 니르고져-음운의 탈락 현상이 일어났다.
③ ᄠᅳ들-어두자음군이 쓰였다.

④ 펴디-구개음화가 일어나지 않았다.

⑤ 스믈-원순 모음화가 없었다.

35. 다음 중, 현대어 풀이로 적당하지 않은 것은? ( )

① 나·랏:말쓰·미中듕國·귁·에달·아

⇒ 나라의 말이 중국과 달라서

② 文문字·쫑·와·로서르스뭇·디아·니

홀·씨 ⇒ 훈민정음과는 서로 어울리지 아니 하므로

③ 이런젼·ᄎ·로어·린百·빅姓·셩·이

⇒ 이런 까닭으로 어리석은 백성이

④ 어엿·비너·겨·새·로·스·믈여·듧

字·쫑·ᄅᆞᆯ밍·ᄀ노·니 ⇒ 불쌍히 여겨 새로이 스물 여덟 글자를 만드니

⑤ 수·비니·겨·날·로·뿌·메 便뼌安

한·킈 ⇒ 쉽게 익혀 나날이 사용함에 편안하게

※ 다음 물음에 알맞은 답의 번호를 쓰시오.

보기

우리 동방의 예악과 문장이 (㉠)와 견줄 만하지만 다만 (㉡)과 이어가 같지 않으므로, 글을 배우는 사람은 그 뜻을 깨닫기가 어려움을 근심하고, 옥사를 다스리는 사람은 그 곡절을 통하기 어려움을 근심했다. 옛날에 신라의 (㉢)이 처음으로 이두를 만들었는데, 관청과 민간에서는 지금까지도 그것을 쓰고 있다.

36. 〈보기〉의 글에서 ㉠에 들어갈 알맞은 말은? ( )

① 중화　　② 일본　　③ 몽골　　④ 여진　　⑤인도

37. 〈보기〉의 글에서 ㉡에 들어갈 알맞은 말은? ( )

① 표준말　　② 속담　　③ 방언　　④ 언문　　⑤ 한문

38. 〈보기〉의 글에서 ㉢에 들어갈 알맞은 말은? ( )

① 김춘추　　② 설총　　③ 관창　　④ 장보고　　⑤ 김유신

39. '한자의 음과 훈을 빌려 우리 말을 기록하던 표기법'의 뜻에 맞는 단어를 보기에서 고르시오. ( )

① 옥사　　② 곡절　　③ 관청　　④ 민간　　⑤ 이두

40. 다음 중 '언문(훈민정음) 창제 반대 상소문'에 대한 정인지의 반론에 해당하는 것은? ( )

① 한문과 관계가 없는 언문을 사용하면 명나라가 공격해 올 것이다.

② 풍토와 성기가 다른 외국의 어음을 중국의 자음으로 표기하는 것은 옳지 않다.

③ 한문으로 된 서책을 배우는 사람이 글의 내용을 잘 알고 있으므로 언문은 필요 없다.

④ 훈민정음으로 언해 하면 글의 내용을 이해할 수 없게 되어 혼란이 생길 것이다.

⑤ 이두는 신라의 설총이 만든 것이므로 잘 계승해서 더 많이 사용해야 한다.

41. 다음의 ':감, ·글'이 사용하는 예로 든 초성자는? ( )

① ㄴ　　② ㅁ　　③ ㅏ　　④ ㄹ　　⑤ ㄱ

42. 다음 중 '남상'의 뜻으로 바른 것은? ( )

① 남쪽 위　　② 남성　　③ 거북이　　④ 도마뱀　　⑤ 남자의 관상

※ 다음 물음에 알맞은 한자를 보기에서 골라 그 번호를 쓰시오.

보기

① 箕   ② 蠟   ③ 其   ④ 鉅   ⑤ 獵

43. ·키(   )   44. 톱(   )   45. :밀(   )

보기

① 隙   ② 滅   ③ 隻   ④ 筆   ⑤ 着

46. 빡·(   )   47. 쁨(   )   48. 붇(   )

※ 다음 물음에 알맞은 답의 번호를 쓰시오.

49. 다음 중 '첫소리, 가운뎃 소리, 끝소리의 3성은 어울려야 글자를 이룬다'의 뜻에 알맞은 단어는?   (   )

①초성해   ②중성해   ③합자해   ④종성해   ⑤제자해

50. 다음 중 "의 뜻으로 바른 것은?   (   )

① 나를 사랑하는 사람
② 턱을 괴다
③ 사랑하지 않는 사람
④ 괴상한 여인
⑤ 내가 사랑하는 사람

※ 다음 물음에 알맞은 답의 번호를 쓰시오.

보기

君자의 초성은 어금닛소리 (㉠)이다.
斗자의 초성은 혓소리 (㉡)이다.
彆자의 초성은 입술소리 (㉢)이다.
卽자의 초성은 잇소리 (㉣)이다.
挹자의 초성은 목구멍소리 (㉤)이다.

51. 〈보기〉의 글에서 ㉠에 들어갈 초성으로 바른 것은?   (   )

① ㅋ   ② ㆅ   ③ ㅍ   ④ ㄱ   ⑤ ㄲ

52. 〈보기〉의 글에서 ㉡에 들어갈 초성으로 바른 것은?   (   )

① ㄷ   ② ㄴ   ③ ㆁ   ④ ㅌ   ⑤ ㄸ

53. 〈보기〉의 글에서 ㉢에 들어갈 초성으로 바른 것은?   (   )

① ㅃ   ② ㆁ   ③ ㅂ   ④ ㅍ   ⑤ ㅁ

54. 〈보기〉의 글에서 ㉣에 들어갈 초성으로 바른 것은?   (   )

① ㅉ   ② ㅈ   ③ ㅅ   ④ ㅆ   ⑤ ㅊ

55. 〈보기〉의 글에서 ㉤에 들어갈 초성으로 바른 것은?   (   )

① ㅇ   ② ㅎ   ③ ㆅ   ④ ㆁ   ⑤ ㆆ

※ 다음 물음에 알맞은 답의 번호를 쓰시오.

보기

快자의 중성은 (㉠)이다.
呑자의 중성은 (㉡)이다.
漂자의 중성은 (㉢)이다.
侵자의 중성은 (㉣)이다.
虛자의 중성은 (㉤)이다.

56. 〈보기〉의 글에서 ㉠에 들어갈 중성으로 바른 것은?　　　(　　)

① ㅐ　　② ㅏ　　③ ㅕ　　④ ㅗ　　⑤ ㅠ

57. 〈보기〉의 글에서 ㉡에 들어갈 중성으로 바른 것은?　　　(　　)

① ㅑ　　② ㅗ　　③ ·　　④ ㅏ　　⑤ ㅕ

58. 〈보기〉의 글에서 ㉢에 들어갈 중성으로 바른 것은?　　　(　　)

① ㅕ　　② ㅠ　　③ ㅏ　　④ ㅜ　　⑤ ㅛ

59. 〈보기〉의 글에서 ㉣에 들어갈 중성으로 바른 것은?　　　(　　)

① ㅗ　　② ㅣ　　③ ㅡ　　④ ㅕ　　⑤ ㅏ

60. 〈보기〉의 글에서 ㉤에 들어갈 중성으로 바른 것은?　　　(　　)

① ㅏ　　② ㅜ　　③ ㅗ　　④ ㅕ　　⑤ ㅡ

※ 다음 물음에 알맞은 답의 번호를 쓰시오.

보기

정음 스물여덟 글자는 각각 다음과 같은 모양을 본떠서 만들었다. 첫소리는 무릇 열일곱 글자이다. 어금닛소리 (㉠)은 혀뿌리가 목구멍을 막는 모양을 본뜨고, 설음 (㉡)은 혀가 위턱(윗잇몸)에 붙는 모양을 본뜨고, 입술소리 (㉢)은 입 모양을 본뜨고, 잇소리 (㉣)은 이빨 모양을 본뜨고, 목구멍소리 (㉤)은 목구멍 모양을 본떴다.

61. 〈보기〉의 글에서 ㉠에 들어갈 자음은?　　　(　　)

① ㄴ　　② ㅁ　　③ ㅇ　　④ ㄱ　　⑤ ㅅ

62. 〈보기〉의 글에서 ㉡에 들어갈 알맞은 자음은?　　　(　　)

① ㄱ　　② ㅇ　　③ ㅅ　　④ ㅁ　　⑤ ㄴ

63. 〈보기〉의 글에서 ㉢에 들어갈 알맞은 자음은?　　　(　　)

① ㄱ　　② ㄴ　　③ ㅁ　　④ ㅇ　　⑤ ㅅ

64. 〈보기〉의 글에서 ㉣에 들어갈 알맞은 자음은?　　　(　　)

① ㅁ　　② ㅅ　　③ ㄴ　　④ ㄱ　　⑤ ㅇ

65. 〈보기〉의 글에서 ㉤에 들어갈 알맞은 자음은?　　　(　　)

① ㅇ　　② ㅅ　　③ ㄱ　　④ ㄴ　　⑤ ㅁ

※ 다음 물음에 알맞은 답의 번호를 쓰시오.

보기

천지의 도는 한 음양오행 뿐이다. 곤(坤)과 복(復)의 사이가 (㉠)이 되고, 움직이고 멈춘 뒤에 (㉡)이 된다. 그러므로 사람의 소리에도 모두 음양의 이치가 있지만, 사람이 살피지 못할 따름이다. 이제 (㉢)을 만든 것도, 처음부터 지혜로 경영하고 힘써 찾은 것이 아니다.

66. 〈보기〉의 글에서 ㉠에 들어갈 알맞은 말은? ( )

① 태양　　② 태산　　③ 태음　　④ 무극　　⑤ 태극

67. 〈보기〉의 글에서 ㉡에 들어갈 알맞은 말은? ( )

① 음양　　② 음지　　③ 음악　　④ 소양　　⑤ 음성

68. 〈보기〉의 글에서 ㉢에 들어갈 알맞은 말은? ( )

① 훈민　　② 글자　　③ 정음　　④ 한글　　⑤ 한문

69. '유순하고 사물을 성장시키는 덕을 나타낸다.'라는 뜻의 단어를 보기에서 고르시오. ( )

① 건(乾)　　② 감(坎)　　③ 리(離)　　④ 곤(坤)　　⑤ 리(离)

70. '우레가 땅 속에서 움직이기 시작함을 상징함'이라는 뜻의 단어를 보기에서 고르시오. ( )

① 왕(往)　　② 復(복)　　③ 거(去)　　④ 복(複)　　⑤ 주(住)

※ 다음의 보기는 훈민정음창제당시의 자음 순서이다. 물음에 알맞은 답을 보기에서 골라 쓰시오.

보기

ㄱ (㉠) (㉡) ㄷ ㅌ ㄴ ㅂ ㅍ ㅁ ㅈ (㉢) ㅅ (㉣) ㅎ ㅇ (㉤) ㅿ

71. 위 보기에서 ㉠에 들어갈 자음으로 알맞은 것은? ( )

① ㅃ　　② ㅋ　　③ ㅄ　　④ ㄴㄴ　　⑤ ㄸ

72. 위 보기에서 ㉡에 들어갈 자음으로 알맞은 것은? ( )

① ㅴ　　② ㅁ　　③ ㆁ　　④ ㆅ　　⑤ ㄲ

73. 위 보기에서 ㉢에 들어갈 자음으로 알맞은 것은? ( )

① ㅊ　　② ㄸ　　③ ㅍ　　④ ㅂ　　⑤ ㄽ

74. 위 보기에서 ㉣에 들어갈 자음으로 알맞은 것은? ( )

① ㅯ　　② ㅿ　　③ ㆆ　　④ ㅸ　　⑤ ㅎ

75. 위 보기에서 ㉤에 들어갈 자음으로 알맞은 것은? ( )

① ㆀ　　② ㄽ　　③ ㅺ　　④ ㄹ　　⑤ ㅦ

※ 다음 표 속의 ( )에 알맞은 답을 고르시오.

	상형	가획	이체	오행	계절	방위
아음(어금니)	(㉠)	ㅋ	ㆁ	木	봄	동
설음(혀)	ㄴ	(㉡)	ㄹ	火	여름	남
순음(입술)	ㅁ	ㅂ,ㅍ		(㉢)	늦여름	중앙
치음(이)	ㅅ	ㅈ,ㅊ	ㅿ	金	(㉣)	서
후음(목구멍)	ㅇ	ㅎ		水	겨울	(㉤)

76. 위 보기에서 ㉠에 들어갈 내용으로 알맞은 것은?　　　　（　　）

① ㅱ　　② ㅄ　　③ ㄴㄴ　　④ ㄸ　　⑤ ㄱ

77. 위 보기에서 ㉡에 들어갈 내용으로 알맞은 것은?　　　　（　　）

① ㄷ,ㅌ　　② ㅲ　　③ ㅁ　　④ ㆅ　　⑤ ㄲ

78. 위 보기에서 ㉢에 들어갈 내용으로 알맞은 것은?　　　　（　　）

① 雨　　② 土　　③ 川　　④ 風　　⑤ 山

79. 위 보기에서 ㉣에 들어갈 내용으로 알맞은 것은?　　　　（　　）

① 봄　　② 여름　　③ 중앙　　④ 가을　　⑤ 겨울

80. 위 보기에서 ㉤에 들어갈 내용으로 알맞은 것은?　　　　（　　）

① 동　　② 남　　③ 북　　④ 중앙　　⑤ 서

※ 다음 물음에 알맞은 답을 쓰시오.

주1. 훈민정음 창제연도는 몇 년인가?

주2. 모화사상에 젖은 조선 시대의 식자층에서 훈민정음을 이르던 말은?

주3. 훈민정음 창제 당시 반대 상소를 올린 대표적 인물은?

주4. 훈민정음 자음 'ㆁ'의 이름을 정확하게 쓰시오.

주5. 훈민정음 자음 'ㄱ'의 이름을 '훈몽자회'에 표기된 한자로 정확하게 쓰시오.

주6. '常談(상담)'의 뜻은?

주7. '卽'의 中聲(가운뎃소리)에 해당하는 모음을 쓰시오.

주8. '業'의 初聲(첫소리)에 해당하는 자음을 쓰시오.

주9. '무춤내'의 뜻을 현대어로 풀이하시오.

주10. '시·러'의 뜻을 현대어로 풀이하시오.

※ 다음 물음에 알맞은 답을 보기에서 골라 쓰시오.

• 柿   • 現   • 硯   • 市

주11. ·감의 뜻[훈:訓]을 가진 한자.

주12. 벼로의 뜻[훈:訓]을 가진 한자.

• 西   • 池   • 酉   • 地

주13. ·따의 뜻[훈:訓]을 가진 한자.

주14. 돐의 뜻[훈:訓]을 가진 한자.

※ 다음 글의 (   )안에 알맞은 답을 쓰시오.

주15. 정음의 첫소리는 운서의 (   )이다.

주16. (   )는 자운의 가운데 놓여 첫소리, 끝소리와 합하여져 음을 이룬다.

주17. ㅋ은 ㄱ에 비해 소리가 세게 나는 까닭으로 (   )을 더하였다.

※ 다음 물음에 알맞은 답을 쓰시오.

보기

ㄱ ㅋ (ㆁ) ㄷ ㅌ ㄴ ㅂ ㅍ ㅁ ㅈ ㅊ ㅅ (ㆆ) ㅎ ㅇ ㄹ (ㅿ)

주18. 위 〈보기〉에서 (   ) 안에 들어갈 글자를 순서대로 쓰시오.

주19. 위 〈보기〉에서 오행 중 '土'에 해당하는 자음을 모두 찾아 쓰시오.

보기

· ㅡ ㅣ ㅗ ㅏ ㅜ ㅓ ㅛ ㅑ ㅠ ㅕ

주20. 위 〈보기〉 표기된 모음 중 양성모음에 해당하는 글자를 모두 쓰시오.

수고하셨습니다

객관식 [80문항]

1. ① 　2. ⑤ 　3. ③ 　4. ② 　5. ④ 　6. ③ 　7. ① 　8. ①

9. ④ ☞①불교를 포교하기 위한 불교서적

　②세조 재위 5년 1459년 간행

　③석보상절

　⑤신미대사가 아니라 세조

10. ③ 　11. ⑤ 　12. ② 　13. ① 　14. ③ 　15. ② 　16. ⑤ 　17. ①

18. ③ 　19. ② 　20. ③

21. ③ ☞ 彆(활 뒤틀릴 별) 　22. ①

23. ⑤ ☞ 거성(去聲) : 가장 높은 소리 　24. ② ☞ 虯(규룡 규)

25. ④ ☞ 呑(삼킬 탄) 　26. ② 　27. ③ 　28. ⑤ 　29. ④

30. ① ☞易(쉬울 이) ② 多(많을 다) ③ 使(하여금 사)

　④ 習(익힐 습) ⑤ 愚(어리석을 우)

31. ① 　32. ⑤ 　33. ③ 　34. ① 　35. ② 　36. ① 　37. ③ 　38. ②

39. ⑤ 　40. ② 　41. ⑤ 　42. ③

43. ① ☞ 箕(키 기) 　44. ④ ☞ 鉅(톱 거)

45. ② ☞ 蠟(밀 랍) ※其(그 기) 獵(사냥 렵)

46. ③ ☞ 隻(짝 척) 　47. ① ☞ 隙(틈 극)

48. ④ ☞ 筆(붓 필) ※滅(멸망할 멸) 着(붙을 착)

49. ③ 　50. ⑤ ☞ 爲我愛人(위아애인)

51. ④ 　52. ① 　53. ③ 　54. ② 　55. ⑤ 　56. ① 　57. ③ 　58. ⑤

59. ② 　60. ④ 　61. ④ 　62. ⑤ 　63. ③ 　64. ② 　65. ① 　66. ⑤

67. ① 　68. ③ 　69. ④ 　70. ② 　71. ② 　72. ③ 　73. ① 　74. ⑤

75. ④ 　76. ⑤ 　77. ① 　78. ② 　79. ④ 　80. ③

주관식 [20문항]

주1. 1443년

주2. 언문, 암클, 아햇글, 언자 ☞ 택일

주3. 최만리 ☞ 반대상소문 올린 사람들 : 최만리, 신석조 김문, 정창손, 신석조

주4. 옛이응

주5. 키읔

주6. 보통으로 쓰는 속된 말.

주7. ㅡ

주8. ㅓ

주9. 마침내

주10. 능히

주11. 柿(감 시)

주12. 硯(벼루 연)

　☞ 現(나타날 현) / 市(저자 시)

주13. 地(땅 지)

주14. 酉(닭 유)

　☞ 西(서녘 서) / 池(못 지)

주15. 자모

주16. 가운뎃소리

주17. 획

주18. ㆁㆆㅿ

주19. ㅂ, ㅍ, ㅁ

주20. ·, ㅗ, ㅏ, ㅛ, ㅑ

하늘땅사람 훈민정음

2022년 3월 31일 인쇄
2022년 4월 01일 발행

편 저 자 | 강구인
감   수 | 박재성
편집디자인 | 김미혜
펴 낸 이 | 문선영
펴 낸 곳 | 훈민정음주식회사
           경기도 용인시 기흥구 강남동로 6, 401호(그랜드프라자)
보 급 처 | 사단법인 훈민정음기념사업회
출판 등록 | 2020.9.24. 제2020-000102호
내용 문의 | 070-8846-2324

ISBN : 979-11-971940-6-1

정가 15,000원